复盘成长

每天进步1%的PDCA工作术

[日] **木下雅幸** 著

王星星 译

江苏凤凰科学技术出版社

· 南京 ·

图书在版编目（CIP）数据

复盘成长：每天进步 1% 的 PDCA 工作术 /（日）木下雅幸著；王星星译. -- 南京：江苏凤凰科学技术出版社，2020.12
ISBN 978–7–5713–1166–7

Ⅰ.①复… Ⅱ.①木… ②王… Ⅲ.①工作方法–通俗读物 Ⅳ.① B026–49

中国版本图书馆 CIP 数据核字 (2020) 第 090951 号

复盘成长 每天进步 1% 的 PDCA 工作术

著　　者　[日] 木下雅幸
译　　者　王星星
责任编辑　祝　萍
助理编辑　向晴云
责任监制　方　晨

出版发行　江苏凤凰科学技术出版社
出版社地址　南京市湖南路 1 号 A 楼，邮编：210009
出版社网址　http://www.pspress.cn
印　　刷　文畅阁印刷有限公司

开　　本　880mm × 1230mm　1/32
印　　张　5.25
字　　数　112 000
版　　次　2020 年 12 月第 1 版
印　　次　2020 年 12 月第 1 次印刷

标准书号　ISBN 978–7–5713–1166–7
定　　价　32.00 元

PDCA循环——一个持续趋优的工具

计划（Plan）→执行（Do）→检查（Check）→调整（Action），这是PDCA循环最基本的四部曲。这一循环是由美国质量管理专家休哈特博士首先提出的，后被戴明采纳、宣传，获得普及，又称戴明环。其最常应用于质量管理，所以也称质量环。

P（Plan），即确定清晰具体的方案。在这一阶段，你需要确定目标，明确你与目标之间的距离、完成目标的时限、有效的操作方案以及可能遇到的问题等，然后利用各种手段让你所设立的目标，强行进入自己的视野，时刻提醒自己。这里的目标必须是适度且具体的，如果目标过于宏大，那么很可能无法制订具体化计划，从而很难实现目标。

D（Do），即具体运作执行。根据设计和布局，进行具体运作，实现计划中的内容。在这一阶段，你需要将具体任务按优先级排列，明确什么时间做什么事情，并集中力量去做，对于优先级靠后的事情，要学会大胆取舍。

C（Check），即检查计划的执行效果。在这一阶段，你需要将执行结果与预定目标对比，总结哪些目标完成了，哪些目标尚未完成，并计算目标达成率，查明未完成原因，找出问题的关键所在。

A（Act），即调整方案。对检查的结果进行处理，肯定成功经验并予以标准化，对于没有解决的问题，不要回避，本着实事求是的精神，调整解决方案，并提交至下一个PDCA循环。

以上四个过程，看起来很简单，但它的应用是一个周而复始、永无止境的过程。一个循环结束了，解决了一些问题，未解决的问题再进入下一个循环，由此呈阶梯式上升。

PDCA循环是一种能使各项活动有效进行的合乎逻辑的工作程序，可以使我们的思路和工作步骤更加有条理，在确保达成目标的前提下提升工作效率。它的四个阶段，体现了不断进步、持续改进、追求完善的科学思想。PDCA循环的应用非常广泛，它几乎可以运用到我们所做的每件事当中。对于企业来说，PDCA可用于发现、改善各种管理问题以及教育培训问题；对于个人来说，PDCA可用于工作日常、月度计划、习惯养成等自我管理问题。

畅销书《原则》的作者瑞·达利欧说：“好习惯让你实现‘较高层次的自我’的愿望，而坏习惯是由‘较低层次的自我’控制的，阻碍前者的实现。”

所以，在了解PDCA之后，我们要有意识地将其作为自己思考的方式、行动的思路，有意识地去运用，才能融会贯通，得其精髓，直至养成习惯，甚至成为一种本能。

从今天开始，养成执行PDCA循环的好习惯，让自己向成功的方向迈进吧！

Plan
Do
Check
Act

目 录
CONTENTS

初级篇

运用PDCA积累经验值，走向成长

中级篇

与身边的人一起加速成长

中级篇

妙用技巧，轻松攻下隐形对象

第五章

高级篇

以地区、社会、世界为对象，升级工作能力

第六章

特级篇

在没有“正确答案”的工作中产出成果的特级技巧

入门篇

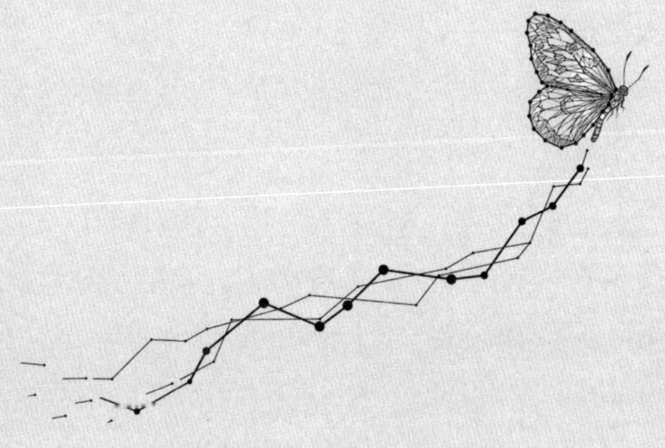

每天进步1%的 37倍成长法

PDCA成了“瞎折腾”？

为什么无法达到预期的效果?

为什么总是围着复杂烦琐的事情团团转?

为什么感觉不到自己的成长?

为什么……

你是否每天勤恳工作，不断学习，拼搏到筋疲力尽，却依然感受不到回报与成长？本书为你整理了高效的工作技巧，助你充分汲取每一分努力，利用好每一个细微的经历，达成令旁人艳羡的巨大进步。

我是一名建筑咨询师，大家可能对这个职位比较陌生。更确切来说，我就职于一家咨询公司，职责就是管控好公司承接的所有项目。我经手过众多咨询项目，或许就因曾经的项目而接触过本书的部分读者。

不过，说句实话，我过去并不是很擅长这类工作。悄悄告诉大家，其实直到现在我也没法自信地说自己的每个项目都做得足够漂亮。

最开始，我是一名建筑师，每天的工作就是用量尺画图纸，整日不离办公桌。

建筑师是一门靠技术立身的职业，多为单打独斗，这一点让我很满意，只是到后来，我走上了项目统筹的岗位，需要参与关联方众多的建筑项目，辅助客户（业主）管控成本与工期，打造符合客户预期的“理想”建筑。这个岗位看起来与建筑师类似，实则全然不同。

结果显而易见，我开始感到苦恼。我看了一本又一本书，把PDCA引入项目管理，先做计划，再执行、检查，努力改进工作。

然而，一番折腾下来，收效却不如预期。

眼前的工作更不会专门停下来等我。明天必须如何如何，时间紧迫……我每天都被种种质询追着跑，有时还会遭受毫无缘由的抱怨，遇上突如其来的问题。再怎么努力，再怎么想沉下心学习，时间也不等人。用现在的话说，我的努力完全就是“瞎折腾”。那个时候，我付出了极大的心力，整天思考怎么评估眼前的工作，怎么克服困难。

每天进步1%，一年后成长37倍！

我这个人本身就特别怕麻烦，喜欢投效比对等的工作方式。也因此，我无法接受倾注了大量心血，情况却未见改善的结果，它几乎快把我给逼疯了。

就在那个时候，我看到了一句话，当时是怎么看到的已经记不清了，只记得看完那句话后，我如闻棒喝，久久不能平静。

“每天进步1%，一年后就会成长到如今的37倍。”

理科出身的我直接被这句话敲醒了，这样的成长增量其实是巨大的。

一年中每天进步1%，你的进步总值就是“1.01的365次方”，算下来的结果是“37.78”。大家如果不信，可以自行上网搜索“1.01^{365}”。

敏锐的读者，以及擅长资本运营的读者应该已经发现了，这其实就是复利效应。第一天，我们进阶到“1.01”，第二天就要在这个基础上再乘以“1.01”，数值就变成了“1.0201”，比“1.02”还多一点。

进步1%，就意味着原本数值为“1”的自己，在24小时后进步到了“1.01”。“1.01”与“1”之间的差距，只有“0.01”。

但是，大家的目标是今天要超越昨天，所以，“0.01”的差距虽然微小，却也意味着我们实现了自己的目标。

曾经，我拼命努力，追求成长。而在转换思维，把一天进步1%当作自己的目标后，我只需思考如何改进自己的工作方式就足够了。

不过，每天进步点滴的方式也有弊端。细微的差距是难以被人察觉的。每天发生“0.01”的变化很难让人有得到进步的真实感，或许直到一个月后，大家也依然感觉不到自己的成长。

即便连续一个月投入工作并提升自我，兢兢业业地保持进步，一个月后也不过只提升到当下的1.35倍左右。这样的效果，还不足以让人确信自己得到了成长。

于是，包括曾经的我在内，很多人在明知可以得到成长的情况下未能坚持到底，放弃了进步1%的机会。

一旦行动上松懈下来，随即而来的将是惨痛的结果。假如持平的状态开始下跌，每天“倒退”1%，那么一年后，我们就会从“1”跌到可怜的“0.025”（0.99的365次方）。这是非常可怕的。

放到一天里看，“1.01”与“0.99”之间只差了“0.02”，这样的差距在短短一天里很难给人带来什么切实感受。

然而差距之大会与日俱增。自主把握“如何进步1%”，并坚持把行动落到实处非常重要。为此，我总结提炼了自己的实践经验，以适应更多职场人士的需求。

稍加改变每天的工作方式，你就能减少很多无用功，一年后，你的工作能力将得到飞跃式进步。本书汇集简单、合理、巧妙的建议，助你提升工作技能。

成长就像RPG里的打怪升级

1%的进步，具体体现在哪里呢？

怀着这个疑问，我仔细观察周围的前辈、导师们如何工作，然后，我注意到了以下三点。

（1）短期内进步神速的人，都有较高的经验值。

（2）经验值越高，成长速度越快。

（3）只有先意识到“经验”的存在，才能将其转化为经验值。

第（1）（2）点就是复利效应的体现。职场菜鸟今天进步1%，就从“1”进阶到“1.01”，获取了“0.01”的经验值。与此相对，假如职场老鸟的起始点比菜鸟早一年，那他（她）现在的能力水平已经是菜鸟的“37.78”倍，今天再进步1%，他（她）的经验值就到了“38.16”，增值“0.38”。也就是说，同一天里，老鸟的进步是菜鸟的38倍，多么触目惊心的数字。

经验值越高，成长速度就越快。两者之间的关联恰好与“角色扮演游戏”（RPG）的典型设定相似。

在第一关，我们战胜了看上去弱不禁风的敌人后，会得到可怜的几点经验值。但是进入第三十关的老玩家，在攻克了强大恐怖的敌人后，会得到超出我们几十倍的经验值。然而，如果因此就不知天高地厚地直接挑战强敌，我们会立马“挂掉”，如此一来反而耽误了自己的进度。

我想说的就是，刚刚接触一份新工作时感受到的焦虑，是心理负担过重、野心过大带来的副作用。

身处第一关的新人，哪怕把PDCA想得再透彻，只要他（她）瞄准的是“攻克三十级的老玩家打倒的强敌”，其计划最终都会宣告失败。看到厉害的前辈，我们难免会为彼此之间的巨大差距而失意，但如果就此一蹶不振，认为自己本就技不如人，放弃成长的机会，那才真正落入了一个巨大陷阱。

PDCA是用于产出成果的手段，我们真正的目标应该是成长进步，放到RPG的环境下看，就是“升级”。在已经足够繁忙的工作中，我们该如何高效成长？突破了这个临界点，我们才能在职场上顺利晋级。

现实的成长为何不能对标RPG?

将RPG与现实工作对比，我们会发现更多现实工作难以助人成长的原因。

RPG终究还是游戏，属于娱乐项目。RPG里的条件简单，规则清晰，故事就在这样的设定里向前发展。玩家只要遵循既定的世界观，按规则操作，就能获取数值明确的经验值，成功晋级，并由此感受到自己的“成长”。

而在现实中，我们每天从事的工作却不同于游戏。我们无法定量把控自己的级别，即便级别真的提高了，我们也无法听到提示升级成功的庆祝音。

上文中，我写的第（3）点是“只有先意识到‘经验’的存在，才能将其转化为经验值”。RPG显然省略了意识到“经验”存在的过程。在游戏里，玩家绝不会忘记自己的游戏经历，也不会倒回原点，游戏里的经验值会自动100%加到玩家身上。然而在现实中，我们往往会轻易忘记自己经历了什么，一旦松懈下来，我们的能力甚至会出现倒退……在现实世界里，如果不能有意识地关注自己做过什么，那你今天的经历和努力就会白白浪费。

如何才能成功升级呢？今天的表现是否值得喝彩，只能由你自己决定。你只能自我观察，自我管理，自我认同，自我激励。

RPG里的游戏进度，一部分靠玩家自己推动，一部分靠团队推动。我不太了解最新的游戏策划是什么样的，只知道当下游戏的常见模式就是若干玩家集结在一起，合力打怪升级。

现实的工作中又是什么样的呢？以前做建筑师的时候，我大部分时间都是“单打独斗”，然而即便如此，工作中还是要和上司、客户沟通，开始施工后要去现场，和建筑公司、工人们打交道。总体来看，一个人独自工作的情况大概占比50%，这份工作仅靠一个人是无法完成的。

如今，我成了建筑咨询师，沟通交流几乎占据了工作的全部，来往对象不再仅限于公司内部的项目组成员、客户公司代表、建筑公司的负责人。

我遇到过会面时沟通不畅的情况，甚至遇到过建筑的实际使用者完全不露面的情况。开展工作的时候，我必须考虑到诸如此般的种种情况，包括建筑所在区域的社会实况等。像这样，工作中接触到的人、工作中存在的变量，都远非游戏所能比。

如此看来，RPG里的团队合作就太小儿科了。身为主角的玩家只要发出操作指令，其他同伴就会执行指令，绝不会发牢骚，丧失信心，固执己见。他们不需要引导、遵从，不逃避，不偷懒，只按主角的指令行事，打倒游戏里的怪兽。在游戏里，玩家会从同伴那里得到100%的协助。

然而当在现实工作中运行PDCA循环的时候，绝大多数情况下，我们都没办法撇开“不受自己管控的其他人”。在游戏世界里，我们只需要选好指令，按下按钮，一切就解决了，而在现实世界，我们必须在沟通、技巧、管理上耗费大量的时间与精力，如果这些方面做得不到位，工作就会受阻，甚至妨碍自身的成长。

持续1%的成长，你需要从这两步做起

对此，我想给大家一些提议。

想要每天进步1%，一年后能力成长到如今的37倍，大家必须尽量保持高效成长。

参照RPG，我们先分两个阶段考察PDCA循环不畅的原因。首先大家要明确，无论身处哪个阶段，自己做过的事情都不会徒劳无益。我们要做的就是转换思维与视角，稍微改变一下做事方式，把它们运用到接下来的日子里。

初始阶段，大家可思考如何检查、重建尚存缺陷的PDCA循环，从当下靠自己即可做到的事情入手，把每天进步1%当作自己的目标。在这个阶段，急于追赶“他人”就像强行迎战三十级的强敌，这种逞强之举可能产生反作用，拉低你的成长速度。

适应完初始阶段，切实感受到能力成长之后，我们再开始关注他人的情况，学习如何与他人沟通。我希望从“可面对面沟通”“无法面对面沟通”与“对方并非‘人’而是‘隐藏对象’”三种情况出发，为大家讲述如何与他人交往。

为此，本书的叙述采取了如下结构。

在接下来的第一章、第二章，我整理了一些建议，帮助大家自行（涉及他人，但不与他人产生直接联系）达成1%的成长和技能提升。这两章属于初级篇，围绕自身展开，内容包括为推进PDCA运转，我们自己首先应该如何做，以及帮助大家重启凝滞的PDCA循环的小提示。从理论上讲，即便了解了PDCA，我们也无法立刻掌

握它。大家可以先参考我曾经的坎坷经历，积累切实成长1%的方法。

接下来的第三、四章，进一步讲述与“他人”有所关联的进步方法，属于中级篇。自己的事情还能想办法自行解决，而一旦涉及他人，我们的力量就极其有限了。第三章讲述与他人会面时如何推进工作，第四章则更上一个台阶，讲述多人协作，无法兼顾每一个人时该如何推进工作。撰写这两章时，我尽力注重了内容的可实践性及即时生效性。

写PDCA的书一般到这里就可以结束了，不过本书又更进一步，划分出工作中面临“隐形对象（地区、社会）”的情况类型。这一步就属于高级篇了。

在最后的第六章，我通过案例阐述了跌跌撞撞行至如今的过程中，自己学习到的“木下流[①]”方法，亦即项目管理方法，从中提取出工作窍门、经验教训。厚着脸皮说一句，这一章的内容比高级篇更上一层，大家可以把它当作私人订制的“特级篇”。这些都是我遍尝艰辛后，从工作中学习掌握的东西，今后或许会给泥淖之中的你带来帮助。

大家目前的首要任务就是进阶到第二章的水平。第二章及之前所述内容，几乎都能自行完成，不会受到周围状况、给定条件的束缚。大家可以把这部分内容多看几遍，然后暂时合上这本书，等大脑里的PDCA循环正常运转，真实感受到自己的成长之后，再打开书继续往下读。

---

①木下流：江户初期，藩主木下利当始创的枪术流派。

积极的心态是让自己持续成长的最强武器。大家要利用好每一份经历，以轻松、聪明、合理的方式自我成长。这将是驱使自己由“1”到“1.01”，再到一年后的“37.78”的原动力。

最后，希望这本书能帮助活跃在各个领域的你们实现自我成长，对大家从事的工作，以及与之相关的所有人都有所助益。

序章概述

√ 坚持每天进步“1%”，一年后业务水平就会达到如今的 37 倍，实现巨大成长。
√ PDCA 是产出成果的手段，大家真正的目标应该是获得成长。
√ 每天 1% 的进步离不开两个步骤：一是自己单独就能做到的 PDCA，二是囊括他人在内的 PDCA。
√ 1% 的成长无须特殊努力，转换思维，改变做事方法即可。

初级篇

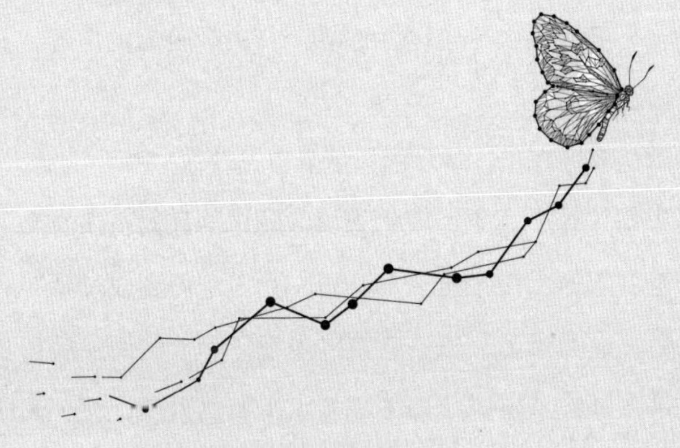

每天成长1%，
你可以这样做

无须额外努力，转换思路即可

想达成每天成长1%的目标，你并不需要呕心沥血，这一点大可放心。你要做的，只是微调思维，稍下功夫。

这里所说的“成长”，等同于获取经验值的过程。现实与RPG的差异就在于，在游戏世界里，“战斗”结束后玩家就能自动获取固定的经验值，不会多也不会少。而在现实生活中，即便我们完成了某项工作（即“战斗”），它也不一定会转化成相应的经验值，哪怕有转化，其数值大小也因人而异。有关经验值的内容，我将在后文详细叙述。

棘手的地方还在于，经验值只能靠自己获取。

要是误解了这个重点，我们做事时就总会往对自己有利的方向思考，想着“工作上费了这么多心思，我一定得到成长了”“我都已经这么拼，这么累了，应该会有进步吧”等。然而最后得到的结果，不过是在原地踏步的状态下不断承担新的重任，整个人疲惫不堪，甚至可能身心崩溃。

目前的你，或许已经承担起重任，未来的发展势头备受关注，你可能因此感受到了些许压力。

即便身处这样的状态中，你还是应该在每天的工作中切实成长1%，逐步积累经验值。一段时间过去后，你就会发现，自己的工作能力在不知不觉中得到了提升。这就是我们一开始提到的主题——高效的成长法。你没必要为提升今后的工作层次而过于努力，只需转换思路，从已着手的工作中切实汲取可汲取的经验值即可。换言之，你只需要掌握尽可能多的获取经验值的技能。

掌握这个技能，其实就是培养一种个人习惯。日复一日地坚持下来，一年后你的成长甚至可达到如今的37倍，重大的工作任务处理起来会更加得心应手。与此同时，你的经验值也会呈几何倍数增长。不过，在本书最开始的这一章，我们不宜贪多，还是要脚踏实地，先来学习掌握更易获取经验值的方法。

懂得珍视自己

假设同一天里，有两个人产出了完全相同的工作价值，其中一人相比前一天进步了1%，进阶到1.01，而另一人维持原状，依然为1。又或者，另一人相比前一天反而退步1%，缩减到0.99——这种情况其实很常见。

两者之间的决定性差异就在于“是否珍视自己”。在学习掌握如何获取经验值之前，大家都应该先了解这个重点。只要认识到这一点，大家的成长之路就会更加轻松。

我依然清晰地记得自己首次意识到这一点时的情形。

如今的我从事的是建筑方面的咨询业务，不过早些时候，我曾经做过建筑师。在公司上了几年班后，我迎来了一个复杂程度前所未有的大型重建项目，成了项目组内的一员。

大型重建项目，就是聚合某一范围（重建区域）内的众多土地及房产持有者，让他们迁移到统一的大型地块上，为他们建造新房。项目推进过程中，我必须按权益方的种种意见不断调整改进，因此常常要处理设计变更需求。自进组之后，长达半年多的时间里，我完全没有休过假，几乎每天都赶着最后一班车回家。

那个时候的艰难不只是工作量大，身体吃不消。我付出的努力常常得不到回报，绞尽脑汁苦思的方案会因为其他一些事情付诸东流，奋力拼搏的工作成果得不到应有的评价，与此同时，我也被迫承受了很大的精神压力。

我最后实在忍不住了，就对上司倾诉了自己的不满。

“我已经努力到这个地步了，为什么工作进度和情况还是完全不见改善呢？”

上司轻描淡写地说了这么一句话。

“是嘛，嗯，你记着，说到底只是工作嘛。”

当时的我听到这句话，有些出乎意料。

上司的言下之意，或许是希望我“跳出项目之外，观察全局”。如今想来，那个时候，自己确实陷入其中，没能俯瞰全局。

然而当时，我没深入细想，只觉得一下子轻松了许多。

“是啊！这归根结底只是一份工作嘛！”

内心积压已久的不得志得以缓和，我似乎从什么当中解放了出来，感到肩上的重担消失不见了。

我发现自己被眼前的工作逼得太紧，精神上渐渐也支撑不住，仅仅一份工作而已，竟开始给我的人生带来了负面影响。这样的工作方式绝无益处。

话说回来，“说到底只是工作”这句话，本身就容易让人顺势联想到“只是工作而已，点到为止就行了”“只要没人挑刺，没把人惹恼就行了”“别人怎么说就怎么做，自己就不瞎琢磨了”“拿到工资就行”“随便做做样子，别被人发现就行”……

怎么理解这句话，其实就体现出听话人是否珍视自己。因为努力投入眼前工作的大前提，就是希望一直珍视自己。

那个时候我意识到，总体来看，与其为一份工作而盲目努力，心怀愤懑，燃尽自己的心神，不如耐下心来一步步成长，这样会产出更多良好的工作成果。不言而喻，稍微转换自己的思维后，我学会了如何全面思考工作内容。

反之，如果自己都不看重自己，工作上敷衍了事，即便有能力、嘴够甜，工作能力依然也会很快就停滞不前。更为致命的是，由于表面功夫到位，这样的人很容易就产生错觉，误以为自己正在成长。这就是让人由1退到0.99的典型情况。

傲气是把双刃剑

成长者与倒退者之间的另一个差异就是，两者把傲气用在了不同地方。

我觉得人都会受到情感的驱使，包括我自己在内。尤其是傲气这种情感有时会制造意想不到的麻烦，恶化人与人之间的关系，使本该推进的工作停滞不前。

有傲气不是一件坏事。只是，擅长获取经验值的人，会把傲气“用在自己身上”。

当工作受到好评，得到上司与客户的夸赞时，人们会为自己感到骄傲，受到鼓舞。

反之，当自认已尽职尽责，结果却未得赏识，被对方随意打压、否定时，人们的骄傲就会受损，心生不快。这样的情绪最终会打击工作的积极性。

这些都是极其自然的反应，大家应该都有过与之相似的经历。只是，一个人的傲气是拿来守护内心，还是拿来抬高自己，决定了他是否能获得1%的成长。

我从事的建筑工作需要与各行各业的专业人士打交道。我常常与设计师、工程师、资产管理员、客户等聚在一起，讨论工作。

有时专业人士会与我产生正面冲突，有些项目还曾经面临夭折（后文将叙述调整方法）。我也好，其他人也好，当大家为了守住自己的立场，坚持自己的主张，而把身为专业人士的骄傲当作防守利器时，讨论就会陷入僵局，失去方向。

与此相对，很多时候，当大家把身为专业人士的骄傲用在谦虚地互相学习，保持坦然态度上时，彼此就会收获成长。

费尽心力做出的成绩被人轻易否定，苦思而来的方案建议被人推阻质疑，相比其他，人们更无法忍受的是受到如此待遇。

这种情形会令人错失经验值。大家要用傲气激励自己坦诚谦虚行事，如此一来，就能不断填补自己真正的不足。

培养PDCA思维定式

珍视自己，用傲气激励自己，除此之外，我还想强调一个本书论述的大前提，就是以PDCA的视角管控每日工作，把PDCA循环落到实处。

正在读这本书的你，应该早已知晓什么是PDCA，无须特别说明，如果遗忘了，可以再去读一读PDCA的入门书。我希望大家能清醒意识到的是，学过PDCA的相关知识，了解什么是PDCA，并不意味着你能在实际工作中运用PDCA框架处理一切事宜，惯常践行计划、实施、评价改善的流程循环。事实上，两者之间还有着不小的差距。

一起看个典型的例子。假如你学完了一轮PDCA，然后公司交给你一个很大的项目。这个时候，你应该就想试试PDCA了吧？又或者，你心想，好不容易才掌握了PDCA的相关知识，得赶紧看看能不能用到什么方面上去，就此进入了探索状态。

而在这样的状态下，学到的PDCA基础并不能帮你实现每天进步一点点的目标，也不会帮你赚取经验值。成长1%的机会其实随处可见。说得极端一些，这样的机会并不仅仅存在于工作当中。做业余活动，孝顺父母，与业主委员会协商公寓管理事宜等都能助你成长1%。真正重要的，是以PDCA管控自己从事的一切活动，在保持PDCA运转的同时，尽力确保始终以PDCA的视角思考眼前的问题。

建议大家尽量把PDCA引入所有的事务中去，将它当作思维定式。如此一来，你会发现很多地方都潜藏着大量成长机会。

即使PDCA运转不畅，你依然会获得成长！

写PDCA相关知识及窍门的书，似乎一般都把起点P（计划）提前设置在一个合理的范围内，要么就让人感觉是写给已经掌握了PDCA的人看的。但是直截了当地说，实际情况下，PDCA的运行不可能像书中所写的那样理想化。

PDCA循环不畅的时候，很多人都会想，是不是PDCA整体的运转方式存在问题。然而在尚未适应PDCA模式的时候，大家首先应该考虑的是P的设置是否得当。P设置错了，之后的DCA就无法帮助大家成长了。

合理设置P的最大关键在于是否能够综观整体计划。如果总体认识有所欠缺，接下来就会堆积过多无法预测的事态。

另一方面，也有些人没有十足经验，却能未雨绸缪，制订出恰如其分的计划。这类人有个共通点，就是面对已然发生的意外以及今后发生的事情，能够不断自行建立反馈。

前文已经提过PDCA运转不畅的原因，我也说过，1%的成长并不一定需要PDCA顺畅运转。因此，以PDCA运转不畅为由放弃PDCA的行为实为可惜。

接下来这番话，对初学者会有很大启示：即便大家没有足够的经验、资历，也能够制订出尚算得当的计划，在此之后，即便PDCA运转不畅，你也能够收获1%的成长进步。

亲身经历的，都能转换为经验值

在此，先为大家解释一下我所认为的经验值是什么。

游戏里的经验值一般都与怪兽的强大程度成正比。“打倒”了怪兽，玩家必定就能获得预先定好的经验值。

我所认为的职场经验值则有所不同。

首先，“打倒怪兽”这个行为在职场中有多种表现形式。办成某件事，做出显而易见的成绩自然相当于游戏里的打倒怪兽，但在这种模式下，我们只有到最后阶段才能得到经验值。这并不符合实际情况。

简单来说，业已掌握的所有职场技巧都可称为经验值。也就是说，经验值不一定要与成功产生直接联系，工作过程之中可以获取，事情办砸了也可以获取。在游戏里，被怪兽“打死”，又或是怪兽“逃脱”了，玩家都不会拿到经验值，而在现实中，即便遇上这样的情况，只要做法得当，我们仍然能够获取经验值。

仔细想想，这一点其实不难理解。即便是在游戏里，玩家在过往的游戏经历中也会积累相关的认知，知道“这种状态下对战会输”“这头怪兽会逃跑”“这种情况下逃为上策”，这些认知当中其实也潜藏着经验值。

现实世界比游戏世界复杂，经验值不会自动积累。但凡亲身经历的，无论是从何而来，都能转换为经验值，但如果我们没有将其转换为经验值的意识，不想着汲取经验，活用到工作中去，经历就只会成为经历，最终从记忆中消失。

当我们觉得“无趣”“无聊”“不想做”“不该我做”的时候，这样的情形就很容易发生。这个时候，无论眼前摆了多少潜在的经验值，我们都不会把它们捡起来。

工作上提不起劲的时候，谁都想撂担子，要是进展再不顺利，想放弃的心情就会更加迫切。这个时候，哪怕别人对我们说“多享受工作”“你加油”，我们也很难从中读出积极的意味，不知道这样的工作还能不能帮助自己成长。

从无趣的工作中，积累经验值

其实，再简单的工作，基本上也都能帮人积累一定的经验值。换言之，经验值不受具体工作的影响，能否获取经验值，要看我们是否想获取经验值。

因此，定下心，把工作当作获取经验值的途径，我们就会享受曾经厌弃的工作。

很早之前，我也烦恼过一段时间，不知道怎样才能从没有一丝乐趣的工作中找到乐趣。尤其像建筑项目，它需要全程定制，周期很长，耗时3～5年都不算稀奇。我常常念叨没有意思，念着念着年纪也渐渐上来了。

我第一次想辞职走人，是在进入设计事务所大概半年之后。那时每天的工作就是复印提交给行政的图纸，装订资料。日复一日做着谁都能干的活，我深深地感到焦虑，提不起劲面对谁做都没有差别的工作内容，无数次想要放弃。

然而就在某一天，我忽然想扭转自己的厌恶态度。我想，继续这样不情不愿地工作下去没有任何意义，我得试着做些对自己有益、能帮助自己成长的事情。

我那时的目标是当个建筑师，因此在做复印工作的时候就格外留心前辈们画的设计图纸：为什么这里是这样的呢；这个方案真的是最好的吗；如果预算再多一点，还能怎么改进呢……我边看资料边思考各种问题，还在与项目无关的建筑杂志上找相关的图纸，把它誊抄下来。

没有谁让我这么做，也没有谁希望我这么做。我自己给自己定任务，尽力保持工作热情。

渐渐地，我开始能够从图纸上看出只做复印工作的人没法看出的设计意图，能够理解图纸为什么要画成那个样子。通过对比图纸，我还发现图纸的基础部分都是相通的，基础之上的其他设计才是关键所在。

某一天，机会降临到我头上。公司接了个很小的建筑项目，我得到了画门厅平面图的机会。

我跃跃欲试地投入其中，画出来的线图远超入职一年的员工应有的水平。我不知道上司当时是不是看出了我私下的努力，总之在那之后，我得到的机会越来越多，渐渐地也能接到一些有价值的工作了。

无趣的工作中也潜藏着许多成长机会。因为行业、岗位都是我们自己选的，那么从事的工作基本上就接近于自己真正想做的事情。实习建筑师不会突然间就接到设计大型建筑的任务，就像玩家在游戏里不可能突然之间就打倒强大的敌人。然而，如果因此就百无聊赖地重复无趣的工作，不积累任何经验值，我们就无法锻炼自己，首当其冲的后果就是，连我们自己都会变得了无生趣。越是在这种时候，我们越要放眼长期利益，一点点地捡拾、积累经验值，这才是聪明人的做法。

自那以后，我的想法变成了无论身处何种情况下，都要尽量赚取经验值。即便做的是对设计没什么要求的公寓项目，只要自己能收获到新知识，像“衣橱的进深尺寸，其实指的是能挂多宽的衣服，这个数字和人的肩宽有很大关系”这样的收获就足以让自己成长1%了。还有像灯具布线、水管走线为什么要这样安排等，随意寻找自己感兴趣的地方，乐享其中就好。

如此一来，自己就能掌握想要记住的知识，不会轻易遗忘。而这样的知识，往往会在未来的某一天，在意想不到的地方发挥作用。

我们可以为拾取经验值而设置广泛的学习主题，但如果希望效率更高，就得先想象自己在不久后的未来要成长为什么样子，比如一年后、三年后的画像，然后再设置学习主题。如此一来，我们就会发现一些必备的因素，并从自己的发现出发，重新审视目前感到无趣的工作，就能从中看到无数获取经验值的线索。

经验值来自过程，而非“结果”

游戏里的经验值会在胜利后加给玩家。沿着这个思路，大家会以为如果想从工作中获取经验值，就必须先把事情办成功，实际上并非如此。

经验值来自过程，而非结果。当然，工作能圆满结束是最好的，大家积累经验值，本来也是为了能借助经验值得到理想的结果，但在一天、一个月等极为短暂的时期内，经验值并不能决定工作是否能取得理想的结果。我刚进公司那会儿，在前辈手下承担某个项目时，曾被要求制作面向客户的说明资料。我没有参与过与客户之间的讨论会议，只能直接上手做。

当然，应该怎么做，做什么样的资料，这些前辈都会教我。然而让我困惑不解的是，自己做完的资料总是一次次地被要求修改。

每每面临修改的时候，我都确信自己已经按照前辈的指令完善了不足之处。那为什么还会一遍又一遍地让我修改呢？我开始有了每一个新人都会有的困惑。

某天，我听到了邻座正在讨论方案的前辈和与我同期入职的新人之间的对话。

“客户说目前这样就行了，但要真什么都不改了，他肯定还会让我们重做。”

“那就说明方案是可以的，只是还要考虑到其他方面。比如设计创意、成本之类的吧……”

我一下子感到醍醐灌顶。

指导我的前辈只是把客户的“原话”转告给我而已，而“原话”并没有完全体现客户的深层意思。

无数次的修改已令我深感惶惑，我决定问问前辈和客户到底是怎么沟通的，探探客户的口风。

果然不出所料，客户在沟通过程中只给出了模棱两可的答复，甚至似乎还肯定了我们的方案。认为双方已经达成一致的前辈就把客户的意见原封不动地转达给我了，结果一提交具体资料，对方又不太认同，于是我就得反反复复修改。

我又厚着脸皮问了问客户的性情、说话方式等，然后想象着客户可能会有的反应，把客户不放心的部分放在前面详细解释，就这样又做了一份资料，终于得到了客户的认可。直到现在，我还记得前辈当时如释重负的表情。

啰嗦了这么久，我就是想说，如果在当时一次次的修改中，我产生了厌恶情绪的话，工作恐怕就会无果而终，陷入泥淖。再然后，前辈的职务或许也会被别人顶替。

然而，留心沟通过程后，我学到了新东西，前辈领会了新的说明方法，客户也省了精力。

“结果”是过程终结后随之而来的产物，经验值则诞生在对过程的分析之中。即便最终结果归于失败，经验值也会留存下来。

追求结果是很重要，但急于求成不会帮助我们积累更多的经验值。

从对方立场出发，你将获得更多经验值

从上文提到的案例中，我们还能了解到另一个重点：同一件事，如果站到对方的立场上考虑，就能获得更多经验值。

仔细想想，能从同一个案例中获取更多经验值，不得不说这个成长方法非常“划算”，也非常巧妙。

前辈吩咐下来的事情进展不顺，在这件事情里，除了“我”这个主体外，“前辈”与“客户”的存在也不容忽视。想要进展顺利达成圆满结果，就要站在对方的立场上考虑问题，这是老生常谈的话，也是正确的思考方式。

从获取经验值的目的出发观察事态，站到自身之外的其他主体的立场上思考，你就会有意料之外的发现，体验以自己的思维和经历得到意想不到的知识。

从过去的那个案例中，我学到了通过前辈之口，站在自己的立场上摸索对方模棱两可的态度有多么危险。再往深一点看，我发现自己有个长年养成的恶习，就是只要他人不明确指出问题在哪，我自己是没办法发现的。前辈是偶尔为之，我恐怕是一直毫无所觉地陷在其中，反复犯错。

把自己换到客户的立场上去，就会收集到专业领域之外其他陌生领域里的经验值。像在过去的那个建筑项目中，我就学到了有人会在答复的时候模棱两可，等到方案初现雏形后又表示否定。还有，身为客户，或许你从一开始就真心想弄清楚对方要表达什么，但如果意思表达不到位，一旦工作被带入对方的步调之后，再想完全照着自己的意见来做就没那么简单了。

我自己的工作风格不是这样的，也正因如此，那些体悟才会变成珍贵的经验值。

前辈的立场

不是只站在**自身立场**
同时站在**对方立场**上思考问题
你会得到更多**经验值**

只要站到对方的立场上思考问题，我们就能想到此前想不到的事情，得到不同以往的丰富经验。它将在本书后半部分叙述的意见整理与提案制作等方面发挥作用。

如今，公司规模逐渐扩大，我参与的项目数量及规模也更甚从前，遗憾的是，我很难直接对接客户，参与项目讨论。然而作为负责人，我又需要通过公司内部项目成员的言行探察项目现状，给出明确指令，保障项目进展一切顺利。在上文提到的案例所处阶段，我靠自己探索积累起的经验值，在如今并行处理多个项目时究竟发挥了多大助力，已经难以估算了。

只要找员工探听一下客户方负责人的性情、开会讨论时的氛围、日程等信息，我就能靠积累的经验值预测可能出现的问题与应该预先消除的风险。

当然，员工汇报时的神态也是判断依据之一。听取过程中，我会向员工发问，比如“那句话是在什么情况下说的”“说的是这个意思吗”等，以此确定话里的言外之意，预先向员工警示之后可能出现的危险事态。这些也都是积累起经验值之后才有的复合能力。

这样的工作方式有显而易见的益处。只要稍下功夫，你就能从同一个工作、同一件事情中获取成倍增长的经验值。1%的进步可以变成1.5%、2%……

站到对方的立场上思考问题，不只对对方有利，同样也对自己大有裨益，这是一个划算又巧妙的方法。

第一章概述

√ 每天成长 1% 无须特殊努力。你只需要改变目前看待经历的视角，把经历当成经验值，切实吸收经验值即可。
√ 想每天成长 1%，你就要珍视自己。
√ 想每天成长 1%，你就要把傲气用在提升自身水平之上。
√ 经验值来自过程，而非结果。
√ 站到对方立场上思考问题，你就能巧妙获取更多经验值。

第二章

初级篇

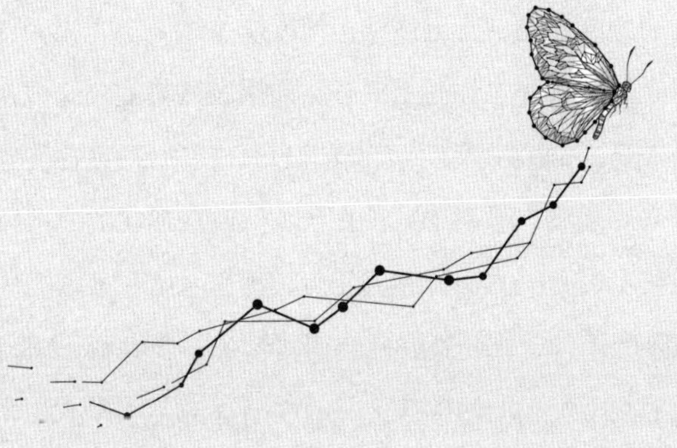

运用PDCA积累经验值，走向成长

PDCA为何循环不畅？

PDCA循环不畅有多种原因。预先告诉各位，即便是经手过若干项目、写下这本书的我，也不敢保证自己能让PDCA在所有项目中顺利运转，实际情况也是如此，每天都有新的问题出现。

我负责的咨询与管理整体项目的业务尤其如此，这些工作不可能完全靠自己实现。就我来说，我先要受理客户的委托，然后周旋在设计师、建筑公司、合作方之间，做出提案，随时调整，使项目朝着优化的方向前进，直至终结。即便发生以一己之力无法扭转的事态，也必须迎难而上。举个例子，如果客户有变，又或是社会、经济环境有变，我就必须变更之前的设想，使项目回归正轨。

我亲身感受到，教科书式的PDCA指南在现实的商务场合面前力量有限。不过另一方面，我并不建议大家放弃PDCA。停止运转的PDCA再次开启后，经验值也会切实增长。我觉得，项目进展顺利的秘诀不在于个人的特殊努力，而在于思维与工作方式，在这上面下功夫才是聪明人采取的成长方法。

因预料之外的情形而凝滞不动的教科书式PDCA要如何重启呢？我们必须从PDCA本身入手。大家应不断反思为什么要用PDCA，P的设置是否合理，使得PDCA的各个环节具有可验证性。

本章将为身处PDCA中心，面临种种问题的你介绍如何重启PDCA，从而获取1%经验值的实用技巧。

推动PDCA的同时，不要忘了原本目的

首先请大家注意这一点：PDCA归根结底只是一种手段，是用于推动工作顺利进展、促进自身成长的工具。一旦PDCA不知不觉间存在感变强，开始有独立于工作之外的趋势，它就可能变成令人错失重要本质的“凶器”。

如今的我同时负责公司承接的众多项目。能做到这一点，最大的原因就在于身边有很多优秀的人才，我非常感谢他们。

不过，我也时常看到优秀的人踏入陷阱。表面看起来，他们设置了合理的P,接下来也一直在有序推进DCA，然而不知不觉中，他们原本的目的发生了变化，变成了“推动PDCA”这件事情本身，忘记了自己为什么要驱动PDCA循环，为什么必须实现PDCA循环。

上文所述“原本的目的”，其实也会随着时间的推移、外界因素的变动以及思维的转变发生变化。事实上，“原本的目的”发生变化的时刻至关重要。如果在这个时刻，PDCA替代了原本的目的，成为新的目的，循环就会滞阻、僵化，最终导向一个讽刺的结局——PDCA终结了PDCA。

以建筑项目为例，项目周期一长，客户的想法就会发生变化，材料人工费等成本项也会受到影响，这样的事例并不少见。原本搁置不议的计划可能要重新拿出来补足，项目负责人还要根据客户方的理解重新整合资源。当人工费和原料价格变动导致的成本增长超出可控范围时，可能还要缩小建筑规模，放弃其中的一部分构想。

这就意味着，我们需要叫停制订好的PDCA，重组新的PDCA循

环。但是，过去的PDCA与新的PDCA之间并没有一刀两断，因为客户的预期与变更需求的根本目的并没有改变。

在这个节点上，如果固守原本的PDCA循环，其运转就会开始滞塞。原本的P是慎之又慎才最终制订出来的，想继续死守也是人之常情。事实上，对待PDCA循环越认真，就越难定下心来回顾自己最初的目的，遗忘自己是如何制定PDCA的起点P的。

举个简单易懂的例子，所有公司应该都有“例会”。无论怎样的会议，原先都有明确的会议目的，而随着开会形式逐渐固定下来，形成惯例后，开会的目的就渐渐模糊了，大家心里的想法就变成“周一早上要开会，大家都要去，我也得去”。原先的会议本是有明确目的的，比如，要在一周伊始统一全员意向。

失败的五种模式

PDCA停转，在一般人看来就是“失败”了。没有谁刻意追求失败，如果因为失败就调转视线，弃PDCA于不顾，那我们几乎获取不到任何经验值，也难以成长进步。

我们真正要做的，是在接受失败的同时，寻找失败产生的原因。而在此之前，如果预先了解了失败的几种类型、模式，寻找原因就会更加简便。

没有失败当然最好，但同时也要知道，失败是无可避免的。导致失败的责任不一定在我们自己身上。所以，如何把失败转化为经验值，为新的PDCA提供借鉴，同时为自己未来的实力助力，就是关键所在了。换言之，不以“失败”终结“失败”的努力与思维转换才是重中之重。

喜欢棒球的人，应该都知道著名职业棒球教练野村克也的这则名言：

“胜有意外，负乃注定。”

在我看来，这句话的未尽之意，传达出了了解失败的“类型”并将其转换为经验值有多么重要。最初规划的PDCA也有碰巧顺利运转的时候，此时自然没有必要自寻烦恼，但在这种情况下，大家往往就不去思考运转顺利的原因了。即便自己难得才顺利一次，也依然无意思索其中的门道。

再看另一面，PDCA运转不畅必定有其原因。失败会带来沉重的压力，不过从赚取经验值的层面上看，它恰恰也是高效的，因为无论你如何努力，无论你做出了什么样的选择，注定的失败是无可避免的。

这话听起来刺耳，却不是毫无道理。毕竟我之所以能冷静总结出失败的一般模式，更多的是靠站在上位者的立场上，以第三者的视角验证手下员工的PDCA是否恰当，而不是思考自己的PDCA如何。

以我所见，包括此前所述的种种情况在内，PDCA停转主要可分为以下五种典型模式。

（1）火速启动型

◆ 刚定下P就迅速开启PDCA循环。爆发力强，但一旦脱轨则无法恢复。

【应对方法】按下急躁，稍作思考，确认好正确的方向后再启动PDCA。PDCA启动阶段的强劲与实际运转后的情形存在巨大落差时，先想想是不是属于这种情况。

（2）轨道固定型

◆ 坚守最初定下的P，不根据实情调整，固执地贯彻原始的PDCA循环。

【应对方法】这样的做法乍看坚忍顽强，但却不适应如今这个风云变幻、要求人们迅疾反应的时代。属于这一类型的人需要不断验证输入的信息与给定的条件有无变化，微调PDCA轨道，有时还需要做出决断，大胆改变规则。

（3）偏离型

◆ 最初设置的P指标适宜，但在向DCA进发的过程中，渐渐偏离了重点，最后得出的结果偏离预期，即便没有铸成大错，也与预期相差甚远。

【具体示例及应对方法】偏离型最常发生在周围的人开始信任当事者，认为当事者工作能力出色的时刻。当事者多数情况下都认为“一切正常”，等回过神来的时候，问题已经完全凸显，有时甚至会引发重大失误。这一类型的人要在身边留有若干个擅长判断局势的人，在每个重要节点寻求他们的意见，如此就能及早发现问题。

（4）一·零型（非黑即白型）

◆ 对待一切事情，非得明确区分是“一”还是“零”。

【具体示例及应对方法】一旦陷进某件事，就会竭尽全力。然而以“一”和“零”来类比，多数现实情况下，答案其实是“零点五”左右，是黑白之间的灰色区域。执着于非黑即白的极端结论，就容易放慢步调，如果得不到确切信息，不知究竟该如何选择，PDCA循环就会即刻终止。这一类型的人要试着接纳一定程度上的缺陷、缺失，不选最好，只选更好，思考如何保持PDCA运转不停。

（5）复合型

◆ 以上四种类型的综合体。

【具体示例及应对方法】以火速启动型的人为例，这一类型的人即便一开始行事莽撞，也能在中途调整轨迹，由此恢复到正常轨道，将损害降到最低。然而当一个人同时兼具火速启动型与轨道固定型的时候，恢复应有状态就非常困难了。复合型的人招致的失败可能比其他类型来得更快，损害更大。

着手眼前的工作之前，大家要先记住这些导致PDCA停转的典型模式，把停转带来的影响降到最低，与此同时调整PDCA，获取经验值。

我还有个不那么光明正大的想法——与其莽撞地验证自己的PDCA循环是否到位，不如另辟蹊径，把他人当作案例，观察他人如何展开工作，尝试总结出他人工作的一般模式，如此就能更快掌握PDCA的实操知识。这么做的目的不是要向他人看齐，而是为了帮助我们剥离对自我的偏爱，更为冷静、客观地从他人身上认识PDCA，大家可以尝试一下这个方法。

总结得出的典型不仅可用于判定自身及他人，还可用于促进项目、团队等集体正常运转。因为，掌握了典型，就会知道吸收什么样的成员、组建什么样的团队才能激活整个集体。

做超出100%的准备

“提前准备很重要”，大家应该自孩提时代起就常常听到这句训诫。确实，工作也好，日常生活也罢，想让一件事顺利无阻，就必须重视事前的准备工作，相信大多数人都会认可这一点。

想要高效获取经验值，就应该提前多做准备。做同样一件事，有备而来的人会从中得到更多经验值。

准备到什么程度为宜呢？不同的人有不同的看法。50%显然不够，出错概率依然很高，很可能辜负他人的期待。80%还不足以让人安心，但如果剩下的20%恰巧不是重点，也有掩盖过去的可能。

100%的准备让人心里有底，或许就能安安稳稳地避开失败。我现在每次都至少要做到110%、120%的准备，超出100%的部分，就是“准备能力”。

100%的准备为何还不够充分呢?

包括我自己的工作在内，如今所有的工作，也就是用到PDCA的所有场合里，沟通都是必不可少的一环。尤其是P到D之间的过渡阶段，沟通会在此时发挥决定性的作用。因此，100%的准备就意味着你只能应对自己在P阶段上预测出的观点、问题、任务等。

所有情况都在自己的预计之内自然是最好的，但沟通涉及的另一方并不受自己的掌控。针对双方共同商讨的事项，对方考虑的可能不只是P到D的过渡阶段，还会担忧该事项在五年后会发展成什么样子，有没有更好的处理方法，有没有遗漏某个重点等。

诚然，我们都没有特异功能，不可能事先预测到对方未曾告知的所有内容。然而，如果我们在超出100%的准备部分里，碰巧想到了其中的部分内容，并且做好了准备的话，会出现什么结果呢？对方必定会觉得我们真的在为他们着想，于是更加信赖我们。他们对PDCA的信任也会加深。

当然，有些时候，我们的一番准备最终只是徒劳。这个时候，大家可能会觉得自己忧思过重，杞人忧天了。但是我想告诉大家，发挥“准备能力”其实会在很大程度上帮助我们获取经验值。

认真做好事前准备的情况下更是如此。在这种情况下，即便自己的准备归于徒劳，它也可能会在遇到其他机会时发挥作用，我们自身也会因为充足的准备加深自我积累。如果事前真的预测准了，准备有了施展之地，收获就更会只多不少。

同一份工作，只要提升自己的“准备能力”，你就能比其他人获得更多的经验值，加速成长。

尝试用“单人推介”驱动PDCA

现在，你有没有拟订好的PDCA计划呢？在此，我想为大家介绍两种事先检查，同时获取经验值的私藏方法，我自己也在秘密践行这两种方法。

其一是“单人推介”。

这里的推介采用常规意义——向媒体介绍新产品、新服务，请媒体撰写相关报道。大家假定自己就是目前所从事业务的发言人，想象有人正在台下听自己的介绍，在这种场景下，思索如何做一场精彩纷呈的推介陈述。

以我为例，身为建筑咨询师，我需要介绍项目概况，要在何时何地建造什么样的建筑，这个建筑会给客户带来什么样的价值，又会给客户的客户、周边地区，乃至社会带来什么样的正面影响，我们的价值体现在哪里，希望新闻报道侧重哪些方面……

大家也可以像我这样，想象自己即将打造的PDCA，又或是正在运转的PDCA将要公示于人前，自己尝试着说明一下今后会在何时何地做什么样的事情，带来什么样的价值。

这个方法的核心在于，先做项目成功结束的假设，再从假设中逆推当下的情形。为了使其他人易于理解，应删减多余的内容，以简洁的语言说明项目带来的价值，以及自己在推进过程中的独特付出。

如果推介到位，你就能在很大程度上弄清楚运行PDCA时的重点在哪里。反之，如果到某一环节进行不下去了，想到来自媒体的犀利提问，你就会知道，哪些方面可能潜藏着问题。事实上，你所陈述的还是只有自己才知道的内容，因此还能试着尽早修正。

在需要真正对公司内外的项目成员、客户做介绍的场合下，“单人推介”也能立下大功。如果能简洁地陈述清楚项目整体概况，沟通就会畅通无阻，各方之间更容易达成统一。

只有将“单人推介”演练成熟，才能在迷失方向时习惯于随时随地采取“单人推介”方法，才能精准判定自己应该追求什么样的价值，为什么要运转PDCA，应该解决什么样的问题。

话说回来，很多时候，就算把“单人推介”做好了，之后也难免发生客观条件的变化。不过，通过模拟推介挖掘出的简单目标，

往往并不会出现什么重大变动。在这个时候，我们反倒能及时应对变化了的现实条件，以达成既定目标为目的，调整PDCA循环。

“单人推介”可以一个人在脑海中默默演练，我本人更推荐的做法是，想象关注着自己工作情况的相关人员和媒体团队就在眼前，真实模拟一场推介会。

最好找一间闲置的会议室，出声演练，同时计算陈述时间。大家或许不太好意思把话说出口，但要知道，说出声了，你就能透过自己的耳朵明确感知到自己的想法是否正确，是否有足够的说服力。出声的同时，大脑里的信息又一次得到整理，你将清晰地看到项目的重点，以及应该死守的底线在哪。

再好的想法，也要先沉下心验证

我在前面提到了“火速启动型”的特征，接下来再深入谈谈这一类型。

想到一个前所未有、能够打破当下困局的绝佳主意时，任何人都难免心头一松，火急火燎地就要付诸实践。在这一刻，大家往往能感受到工作带来的纯粹乐趣。

我长年从事策划类工作，工作本质是为客户思考好的创意，提出备选方案。很多次，我自信满满地向客户提交自己想出的方案，结果却遭到否定。

原因就在于，我没有仔细验证自己的想法，导致方案未能摒除个人思考的狭隘之处。

最糟糕的一次是，我刚灵光一现想到一个主意，马上就跃跃欲试地向客户提建议，结果话还没说完，自己就已经意识到“点子很逊”，心里臊得慌。如今回想起来，还觉得愧对当时的客户。这一切的一切，都是因为想到主意后疏忽了验证环节，自以为想法很棒，陶醉在假想中，没有反思自己的想法是否得当。这样的疏忽会导致工作遇阻，让自己陷入困境。

不过，灵光一现本身不是坏事。自那以后，我只要有新想法，都会先客观地判断自己的想法是否得当，然后再拿出来与大家分享。

与前文所述同理，判断他人的想法相对来说比较简单，想客观验证自己的想法就很难了。

客观的验证需要技巧。对待好的想法，大家可使用如下三种工具加以验证。

（1）时间

想到一个点子后，先搁置一段时间。如果时间紧张，可静置2~3分钟，刚好可以去趟卫生间。如此一来，你就能刷新大脑，进入客观模式。

（2）地点

静置一段时间后，再换个地方验证自己的想法。如果没有太多时间，可以离开座位，先去一趟公司附近的便利店，也可以找家咖啡馆坐坐。如果情况允许，还可以坐上地铁，去一个远离公司氛围的场所，比如公园，这样效果会更好。

我自己比较喜欢在乘地铁上下班或泡澡时验证想法。这两个场所都有共通点：地铁要一直坐到目的地，因此没法随意改换地点；浴池面积有限，能让人安安静静地待在一个地方。换言之，在这样的场景下，即便身体活动范围受限，大脑也能刷新状态，集中思绪。

（3）角色扮演

这里所说的角色扮演与RPG稍有不同。

未经验证的好想法，其实很难条理清晰地传达给其他人。如果一心只想着自己的想法多么好，多么有创意，多么厉害，却无法阐明想法成型过程的话，你多半会以失败告终。

所以，大家就要把自己想象成一个还不知道自己的想法，不会主动给出好评的第三者，思考第三者会有的疑问，问自己，为什么我会产生这个想法？有没有什么条件会阻碍想法落地？有没有其他更好的方法？像这样，自己给自己提出朴素但触及本质的问题，验证自己的想法能否从逻辑上解释清楚。

透过以上三个工具，大家或许就会发现，灵光一现的瞬间自以为绝妙的、前所未有的想法，实际上大多建立在一个不可靠的前提下，又或者埋藏着曲解、误读、有失偏颇，甚至存在重大缺陷。

自己给自己挑刺，或许会让大家失去耐心，但反复思索、验证下来，不管自己的想法最终是否可行，大家都必定会积累起经验值。最重要的是，你在客户、上司面前保全了颜面，与此同时，也避开了不合理的P，不会再涉足注定崩溃的PDCA循环。

巧用三人力量增加自身经验值

相比角色扮演，还有一个更为简单的方法能帮助我们客观验证自己的想法，增长经验值。这个巧妙的方法就是借助他人的能力。

比起我们自身，他人能更好地分析我们的想法，这一点放之四海皆准。大家身边如果有可信的人，不妨把自己的想法告诉对方，请对方点评点评，如此一来就能控制风险，还能增长仅靠自己难以获取的经验值，可谓一举两得。

他人的经历、知识、感受原本就与我们不同，我们再如何尽力调查，开动脑筋，查阅文献资料，也很难在想出点子的当下就了解到那些“未知的事情”。

借助他人的能力，就相当于在极短时期内搜索列举自己尚不清楚、有所欠缺的见识，自然能高效获取经验值了。

推荐大家同时听取三个人的意见。

这三个人，不一定都得是自己身边知根知底的人，公司内外应该都有见识广阔的前辈。那么，怎样吸收他们的见识才能高效获取经验值呢?

听取第一个前辈的意见时，尽量从整体上把握对方的评价。如果想了解某项技术，你就要着重听听这项技术的优缺点、技术诞生的过程及将来的前景、与其他类似技术的差异、成本如何等，获取多方位信息。

不过，前辈也是人，虽然经历得比自己多，对一些东西了解更深，但有些见识，我们没有，前辈也没有。并且前辈也是基于自己

听取三方意见，巧妙提升经验值！

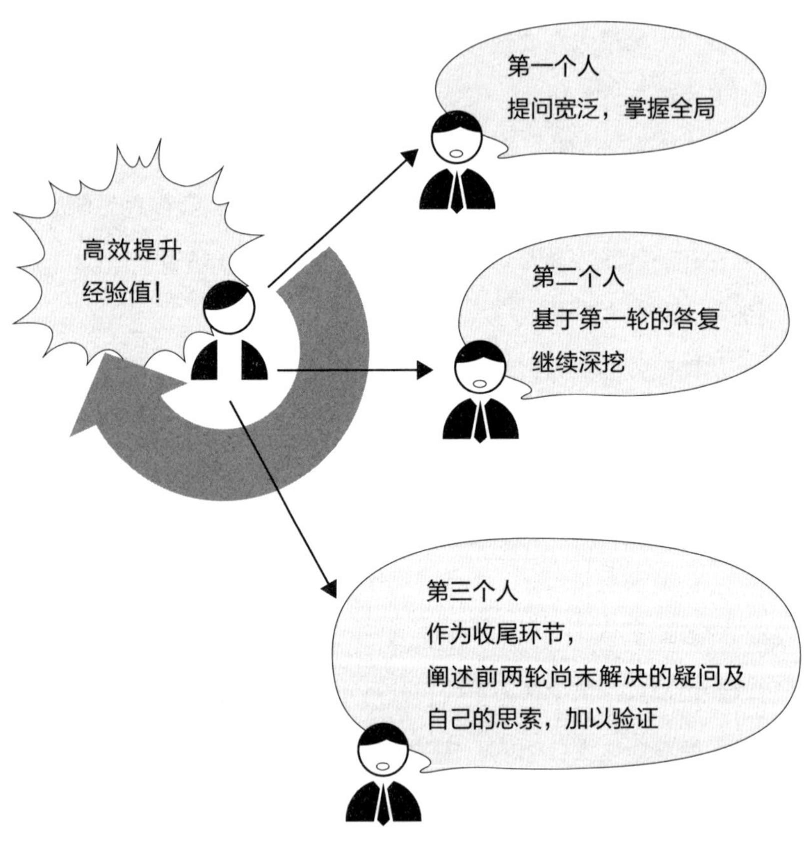

的立场、工作内容、兴趣给出的建议，难免有失偏颇。因此，我们不能听到什么就是什么，暂且把前辈的评价当成意见之一，接着再问问第二个前辈的意见。

此时，我们就要问得更加深入一些，这样收效才会更好。把从第一个前辈那里得来的宽泛信息转换成提问，就能轻轻松松地继续深挖下去。这个时候的问题，很可能是在向第一个前辈求教前，我们自己想不到的问题。于是，我们就能站在更高的位置上审视第一个前辈与第二个前辈在想法、见解上存在的差异，对自身想法的验证就会更加细致，源源不断地积累起经验值。

获取了基于不同视角的评判后，我们进入最后一环，向第三个前辈求教。进入这个阶段前，我们已经收获了前两位前辈的见解，知道自己对两方的见解持有什么疑问，还能补足之前验证时疏忽了的东西。此时提出的问题有很强的专业性，也意味着我们的理解得到了进一步深化。认知从概念升级为可实践的专业见识，自己的想法就在这个过程中得到验证。二十五年来，我始终在用这个方法验证自己的想法。听取完三个人的意见后，我往往就能立体而全面地思考问题。即便面临自己专业之外的领域，我也能从基础阶段开始，高效地收集信息，把它们收归己用。

大家或许会觉得这个方法太麻烦了，但即便如此，我也要告诉大家，一定要请教三个人，一个、两个都不够。这就是高效掌握必备知识，加速自身成长的诀窍。

初级篇

改变恶性规则

PDCA运转不畅的原因之一在于“规则”，种种规则阻碍了PDCA的运转。

仔细想想就会发现，世界上其实存在着许多规则，既有让我们认可的良性规则，也有让我们奇怪何以存在于世的恶性规则。

工作中遇到恶性规则时，原本简单的事务就会变得棘手，引发混乱，甚至可能令工作难以继续。然而另一方面，如果能反过来利用恶性规则，它也会成为提升经验值、获得成长的突破口。

从某种层面上看，我如今的工作就是改善发现的恶性规则，营造所有项目的所有成员都能发挥出自身力量的工作环境。

接下来，我将为大家讲述自己是如何区分良性规则与恶性规则，并将恶性规则转化为良性规则的。

首先要申明，如果遵循某项规则后事情进展顺利，工作效率提高，那这项规则无疑就是良性规则。让人觉出“好”的规则，自然而然地就在自己心里，没有必要刻意感知。

良性规则的典型代表就是交通规则。遇到红灯，车停人停，没有人质疑“为什么遇到红灯非停不可”。因为所有人都知道，有了这条规则，大家不再需要处处小心，只要遵守规则就能在一定程度上保障自身的安全。这条规则不能胡乱更改，所有人都应该严格遵循。我们要建立的，也就是这样的规则。

另一方面，恶性规则原本就与我们的做事目的背道而驰，因此会极大地降低我们的工作效率。

然而奇怪的是，很多人即便遇上了这样的规则，且心里也清楚那是恶性规则，却依然没有改变规则的想法。毕竟，既然是规则，它就具备让人无条件遵守的强制性。

PDCA停转，工作进展不符合预期的时候，我们首先要想想是不是因为有恶性规则从中作梗。改变恶性规则的窍门，可以归纳为以下两点：

首先，我们要参照原本的行事目的审视那项规则。其次，尽量以简单的方式把那项规则转化为新的规则，过程中要考虑到可能存在的疏漏之处。

举例来说，假设公司规定文件走审批流程时需要盖章，而如今这个时代，跑外勤已经成为公司认可的工作方式，为促进业务效率，很多人一周的大半时间都在外面拜访客户。在这样的背景下，如果审批还必须拿着纸质文件一圈圈找人盖章的话，会出现什么样的情况呢？提审批需求的人就得为了盖章专程往公司跑。这样一来，高效的外勤工作方式就会失去原有的效力。然而另一方面，略过审批环节，自主做事也绝非良策。

问题的关键在于，要弄清楚从前在纸质文件上盖章的目的是什么，不就是在遇到重要决策的时候，采取文件形式，彼此见个面，防止哪个环节出错吗？

技术已然进步。如今这个时代，很多方法都能替代盖章达成原有目的。有些时候，原本的好规则如果没能顺应时代变化，就会逐渐变成阻碍。

如果能意识到规则的目的是使PDCA正常运转，我们就能明白规则的本质价值。恶性规则不会自动转好，但它能成为积累经验值的来源。

不合目的的恶性规则基本上都应该改善，而改善效果显现则需要一定时间。有时候，即便PDCA致使效率低下，考虑到剩余时间的长短，我们最好暂且不做变动，把需要改善的地方留作往后的任务。

换言之，改善规则、排斥恶性规则可能会在短期内妨碍PDCA运转。

让无趣的工作机械化

工作上涉及的方方面面基本都能为我们提供经验值，但遗憾的是，总有些情况是得不到经验值的。假如做的是实在喜欢不起来的麻烦事，避又避不开，大家就能理解我说的话了。

这样的工作让人煎熬。事实上我也和大家一样，碰到了不喜欢的工作时，常常会借故往后拖。

但令人烦恼的是，不完成这个无趣的工作，项目就可能整体中止。如何打破这样的局面，有没有什么方法能缓和枯燥的工作带来的煎熬呢？这些问题困扰了我很久。

答案出人意料——转换思维，“越不想做的，越要坚持做”。

这是发生在体育业务商讨会上的一件事。会上，不知怎么起的头，大家开始谈论起了美国职业棒球大联盟里的选手铃木一郎。一个很了解体育界的参会人说，铃木一郎的厉害之处就在于，他的备赛心理和赛前准备都在实际表现出来的水平之上。

据他所说，铃木一郎在开始练习前都会做很长时间的拉伸运动，身体状况好的时候这样，差的时候也这样，累的时候，心情不佳的时候也这样。对我们来说，几十年如一日地坚持每天长时间拉伸，大概是一种过于乏味的煎熬。但铃木一郎却为了维持身体的柔韧度和爆发力，为了打造结实的体格，为了长久保持顶级选手的地位而坚持不懈，无论拉伸运动是否枯燥乏味。

铃木一郎必定是把（看起来）无趣的拉伸运动定型为自己的“常态工作”，以此逃脱不想做的心理“诱惑”，并践行至今的吧！

每天不得不做的拉伸运动，放到我们身上，应该就相当于制作没人看的报告书，复核交通费之类的工作了。这些工作不会让我们成长1%，也不会让我们心潮澎湃。

为了使这些无趣的工作机械化，我决定选在大脑疲惫的时候处理它们，像是效率最低的午休后时间段、离开公司的前十分钟。把它们定性为常态化的机械工作后，我完完全全放下了厌恶、嫌麻烦的想法。

如果大家也有实在无聊又不得不做的工作，不妨随自己的心意把它变成机械化的日常任务。如此一来，应该就能以最少的资源整理好那项事务。

增强“可视化”，提高工作效率

本章后半部分主要论述使PDCA运行状态“可视化”的方法。

运用PDCA时，循环是否可视非常重要。运转良好的PDCA自初始阶段起就清晰可见，过程中出现了什么问题，也能及早发现并采取应对措施。当然，从中得到的经验值也会增多。

反之，PDCA遭遇变故停转后，情况就很糟糕了。当问题在暗处滋生，你没有“地图”，也没有“手电”，单是想想就知道处理起来很费时间，耗费心力的同时又得不到经验值。

项目涉及的人员越多，项目周期越长，我们就越难向相关人员口头传达需要传达的信息。

一个风景秀丽的旅行地，如果对方没有去过，你说得再细致也不会让人有画面感，给对方看照片、看视频，对方的感受也不会和你一致。同理，工作中，我们自己的想法其实很难准确无误地传达给别人。然而，如果传达不到位，PDCA就会即刻停转，难以恢复原状。

接下来，我将为大家介绍PDCA可视化的具体方法，中间会穿插几个例子。我想告诉大家，商务场合里的可视化资料，不在于设计是否美观，而在于是否以准确易懂的语言及展示方法记录下了自己真正需要传达的内容。

清晰可视的资料可直截了当地向全体相关人员展示出需要传达的内容，像每个人目前处在什么样的位置上、应该做什么、要做多久等。因此，简洁易懂的语言和形式非常重要。我把制作这种资料的能力叫作“创造力”。同样一份文件，大家可以试着思考一下，怎样制作才能使信息的传达更加简单易懂。

过于细致，一眼看上去密密麻麻，分不清主次的资料内容，要是让我来改，我会把字号放大，空出行距，标记出重点内容。除此之外，为了使看到资料的人做出恰当的判断，我还会潜心思考如何从视觉上、直觉上传达出内容主旨。我会注意到每一个细节，防止有人无意间遗漏了部分信息，导致工作后期遇阻。像这样实现资料的可视化，大家才能减少不安与之后可能发生的投诉、错误等。

把可视化的方法运用到待办事项清单上，就能同时提高自己与其他相关人员的工作效率。把自己掌握的能力与其他窍门结合到一起，就能巧妙地加速自己的成长速度。在我看来，这其中就埋藏着使经验值不断增长1%的奥秘。总而言之，可视化就是极为合理，且能助人轻松成长的诀窍。

接下来介绍的方法，归根结底还是我基于自己的经验给出的示例，示例采取的写法并不是绝对的正确答案。因此，大家需要自主思考，想出适合自己的写法，借此与客户、同事及其他所有项目相关人员建立良好的合作关系。

利用to do list掌控时间

为驱动PDCA运转，我采取的可视化方法是制作并运用“to do list”与“日程表”。先来说说to do list的意义、制作方法及使用方法。

to do list，顾名思义，就是列举待办事项的清单。仅需制作、运用这份清单，我们的全局把控能力就能得到提升，不过，为了让自己获得更大的成长，除了整理事项，我又多做了一步，就是把“工作”（to do）与“时间”紧密联系在一起。

最近出现了很多云端制作to do list的应用，或许是思想落伍了吧，我现在还在坚持手写清单。我特别喜欢想写多少就写多少，还能把写下的内容转移到任意地点的方式，因此偏好使用尺寸大一些的便笺纸。写、贴、换地方，做这一系列动作的时候，大脑里的信息也得到了整理，可谓一石二鸟。在养成这种习惯之前，我制作清单的方式也和其他人没什么两样（第57页图1），只是按顺序分条写下自己需要处理的事情，做完了的就删掉（画上双删除线，保证自己还能看到原先写下的是什么）。

然而这种方式很难体现“时间”概念，费心整理出的清单无法凸显优先级更高的紧急事项，有时，我到第二天才发现自己的安排有遗漏。最初的清单并没有收获预期的效果。

于是，我开始根据自身情况区分各项事务的优先级，按从高到低的优先级顺序列举待办事项，结果又不断有新的紧急任务出现，有时写在中间事项的紧急度又超过了前面的事项。如果这样的情况每出现一次就誊写一次清单的话，效率就会十分低下。事实上，忙到天昏地暗的时候，to do list会挤得满满当当，反而让人心急。这些都是因为，清单上的事项没有和时间联系起来。

于是，我采用了“to do+时间轴”的清单列举法。

第59页的图2即为示例，左侧排列的是待办事项及优先顺序。

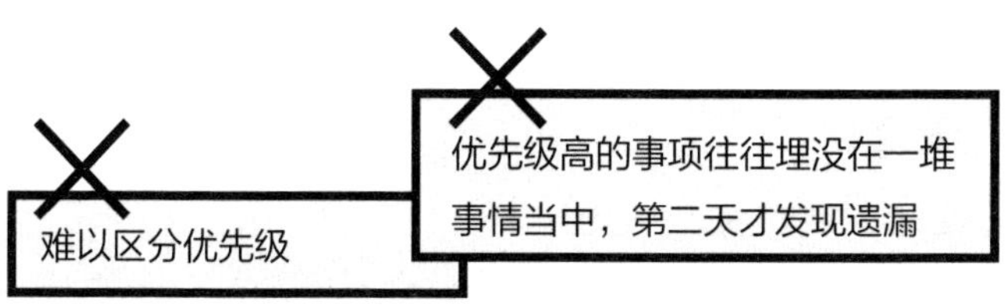

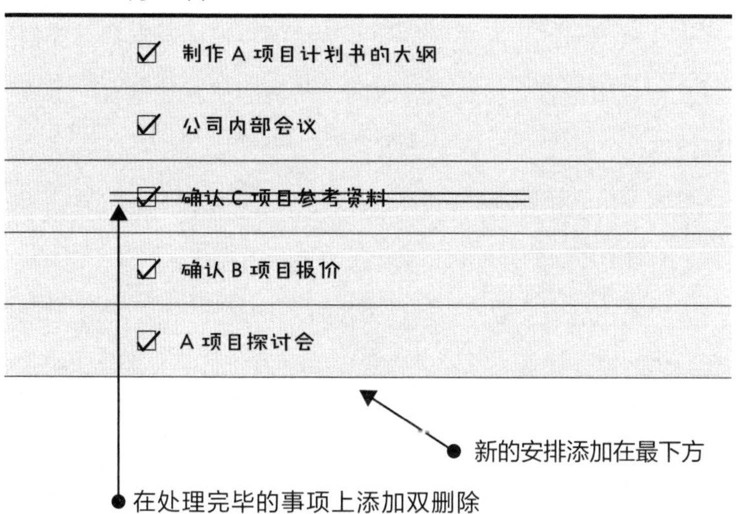

逐条添加，
按顺序处理 =PDCA 停转

图1 常见的to do list

初级篇

万一发生了新的紧急事态，又该如何调整呢?

为应对这一点，我会在右侧同时写上左侧各项任务具体的时间安排及预计所需时间。最开始的时候难免有所偏差，但只要坚持写下去，随着经验的累积，慢慢就能更为合理地分配时间了。

假设安排好一天的日程后，突然又出现了其他紧急事态，必须尽早处理，这时该怎么办呢?

即便出现了紧急事态，原本就写在清单上的任务也得尽量完成。应对紧急事态时，同时也必须管控损失情况，如果只写左侧内容，我就很难把握原先已经列入日程的事项会受到什么样的影响，重新整理是否会耗费很多时间，可能因此就会搁置一些重要的事情。

而整理出右侧所示信息后，我就能清楚地知道处理完紧急事态后剩下的时间还能做些什么，最不济也能决定应该延后哪些事情。

万一真的遇到非做不可的任务重合到一起的情况，在紧急向他人求助的时候，我也能迅速告知对方需要做什么，大概会花费多少时间。

在to do list上加入时间轴后，我渐渐就能准确预估各项任务所需的时间，工作效率也得到了提升。即便出现突发情况，我也能继续照常工作，不会打乱步调。

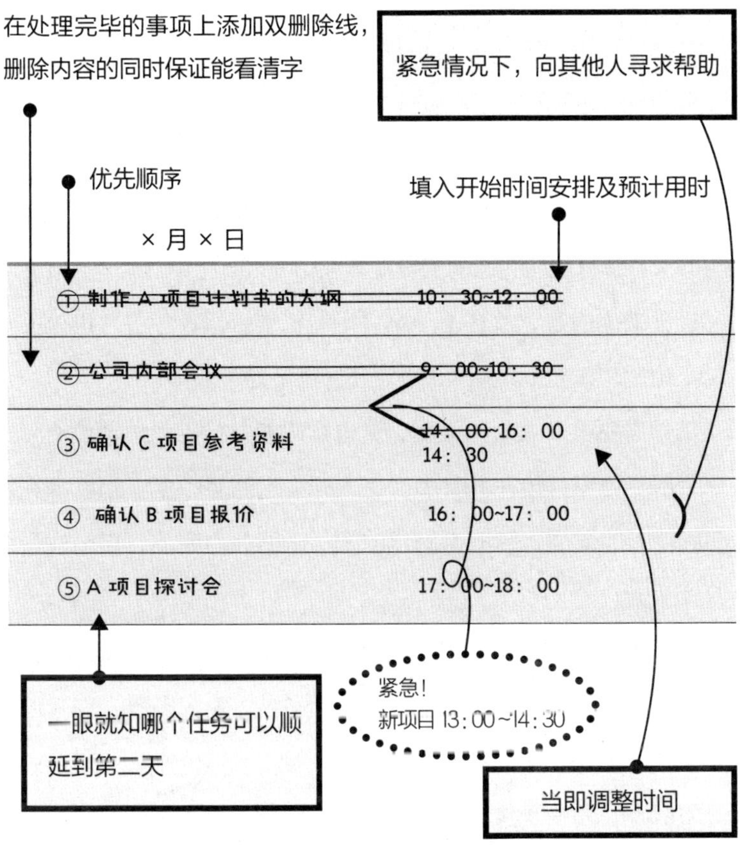

出现紧急事态时，我能很快判断该压缩哪些事项，推后哪些事项，这就是“to do+ 时间轴”的效果

图2 添加了时间轴的to do list示例

制作阶段式to do list，充分发挥“他人”力量

认真思索如何制作to do list后，我有了一个新发现，或者说，我留意到了“问题”的所在。前一小节里也略微涉及了这一点——工作的顺利进行需要“他人”介入。仔细想想，这一事实毋庸置疑。

自身与他人之间如何产生联系？如果身处高位，该如何调用他人的力量？解答这些问题的关键就藏在to do list之中。

接下来的内容，放在下一章讲可能更加合适，不过它也是关于to do list的使用建议，我就还是放到这里来说了。

工作需要很多人共同推动，这也意味着，当工作进展偏离预期时，大部分原因都出在人身上。有人开会迟到了，就会浪费等在那里的其他人的时间；请同事制作的资料未能如期完成，自己就得跟着加班加点。

如果所有的工作都能按自己的步调来，大家的工作压力就会显著降低，为工作忧心的人会变得更少。不过，绝大多数人也知道，这种事情简直就是痴人说梦。

为借to do list概览工作日程，我在清单上加入了“时间”，如果在此基础上再加入“人”的要素，不就能最大限度地利用他人的力量，在他人的协助下运转PDCA了吗？在坚持使用清单后的某一天，我的大脑里突然萌生了这个想法。

事实上，越是复杂的工作，就越离不开他人的协助。我在前文提到过要借助“三人的力量”，广义上来说，这也是找他人提供协助。

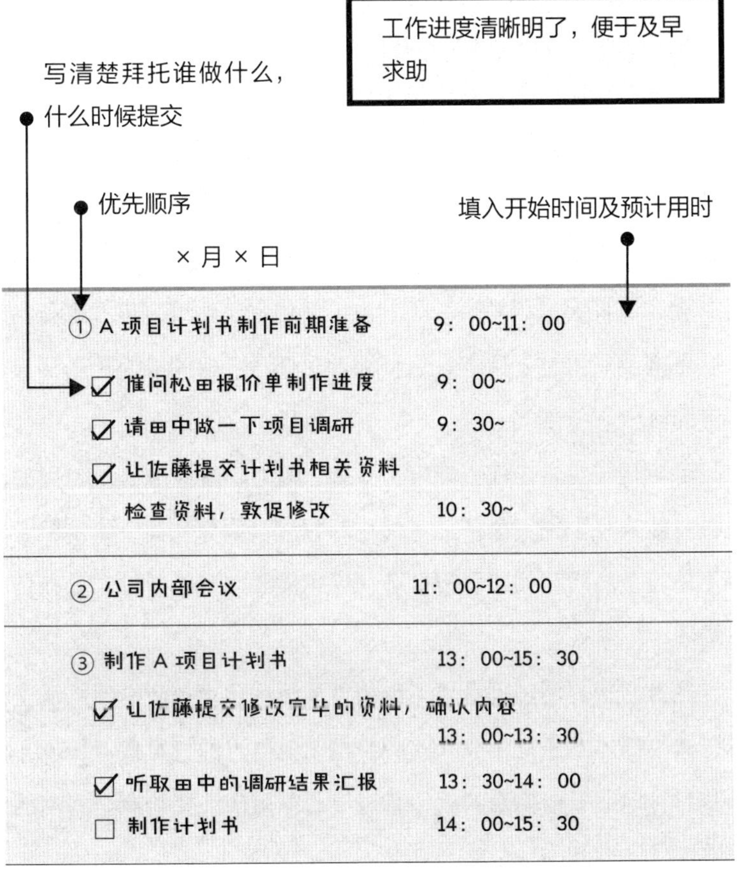

图3 加入了他人元素的to do list示例

制作资料的一般流程就是拜托同事做调研，与同事一起制作出初始方案，再交给项目负责人审核，流程中的每一个环节都离不开他人的帮助。

因此，能有效发挥作用的to do list必须体现“他人”的行为。除去优先级顺序，填写具体的工作任务时还要囊括让什么人做什么事，预计花费多长时间（自己能给多少时间），同时还要说明每个任务当中，自己与他人如何协作、何时协作。我把这样的清单叫作“阶段式to do list”。

大家或许会觉得烦琐，但其实，就像示例的填写范式那样，大家并不需要写得过于详细，只要涵盖了任务、时间、交代给他人的事务即可。

做到这一点，工作就能顺利开展，因为阶段式to do list同时在自己及他人身上发挥出了“可视化”效应。制作这样一份清单，了解了项目全局后，如果觉得任务“完不成”，就要及早向项目负责人求助。

在我看来，清晰理解了工作的整体流程后再找我汇报的员工，说话做事都足够靠谱，让人安心。相比凭自己的直觉盲目行事，再顺其自然地把事情搞砸的人，我更放心把事情交托给有全局观的人去做。

“万用日程”

接下来再看驱动PDCA运转的可视化实践的下一步——日程表的制作与运用。

日程不仅之于我们自己非常重要，同时也是与团队成员及客户沟通时必不可少的工具。

好比打排球的时候只有先来个低传球才能打出一记扣杀一样，有了日程表，可视化效果显著，其他人才会明白力气要用在哪里。

即便独自一人，或与另一人共同做某件事时，这个道理依然成立。一旦错失时机，此前的所有准备工作与对方付出的努力、支持都会打水漂。没有日程安排，就没有人知道要在什么时间做什么事，PDCA循环就此乱作一团，甚至可能终止。

初级篇

前文中示范的“阶段式to do list”，是以自我为中心建立的一至若干天内的任务管理系统，而日程表则是按项目划分的PDCA管理系统。因此，即便部分内容与to do list重合，其背后的逻辑还是与前者截然不同的。

组建日程安排时，5W2H是需要纳入考虑范围之内的基础要素。

“何时、何人、何地、何事、何因、何法”——这是大家熟知的5W1H。在实际的工作场合下，我们还要再加一个H，即“多少（how much）”，它是一个非常重要的元素。

如此一来，项目由始至终的全部工作流程都变得清晰可见。我把涵盖了5W2H的日程表叫作“万用日程”，它存在的目的就是让所有相关成员共享一个项目，一个PDCA的全局概观。

有了“万用日程”，所有成员都知悉了工作内容，就会理解各人自己to do list上的任务为什么必须在某个时间内完成，大家的紧迫感会达成一致，毕竟彼此之间都不希望被对方拖累。这样一来，所有人的责任心会变强，PDCA就不会轻易停转了。万一推进过程中出现了瓶颈，大家也能找到正确的恢复方法并预估所需时间。

用“短期计划”推进工作

在利用“万用日程”描画项目整体后，我又开始思索是不是该结合使用更为细致的“短期计划”。

某些情况下，如果项目参与人员少，周期又短，单用“万用日程”也足够了，但我们在工作中难免会接触到一些周期长、参与人数成百上千的项目。协同人数一多，想要高效推动进度要求严苛的项目，就必须用到更为注重个体及节点的实用计划。为此，我制作了短期计划。

换言之，为参与人数多、周期长的项目制作的“万用日程”，虽然凸显了由始至终的大体流程，却也因此没能照顾到每个参与人员或者每个小组应该做什么，以及给到他们的时间有多少。短期计划的目的就在于，让每个参与项目的成员都清楚地知道自己接下来要做什么。

我自己在制作短期计划的时候，基本上是按周来算的。时间短于一周，我就得花很大心力去做微调；时间长于一周，我就无法得知其他人的动态，达不到制作短期计划的原始目的。短期计划的时间范围如何规定要看项目整体的时间跨度有多大。必要时，我甚至还制作过按天计算的短期计划。

第66页的图4为短期计划示例，围绕一定时期内的议题表展开。

熟悉了日程制作后，大家可以在填写计划时使用更为具体细致的语言表达。

举个例子，假设你正在处理一个为响应工作环境改革热潮而重新设计办公空间的需求，你把议题写成“关于沟通空间”就会过于概念化，表意不清，看到这个议题的人联想不到究竟要讨论什么。这个时候，你需要尽量写具体一些，能细化多少就细化多少，比如“沟通更加自由的空间设计”“分公司会议、电话会议等场景下，如何消除物理上的距离感”等。

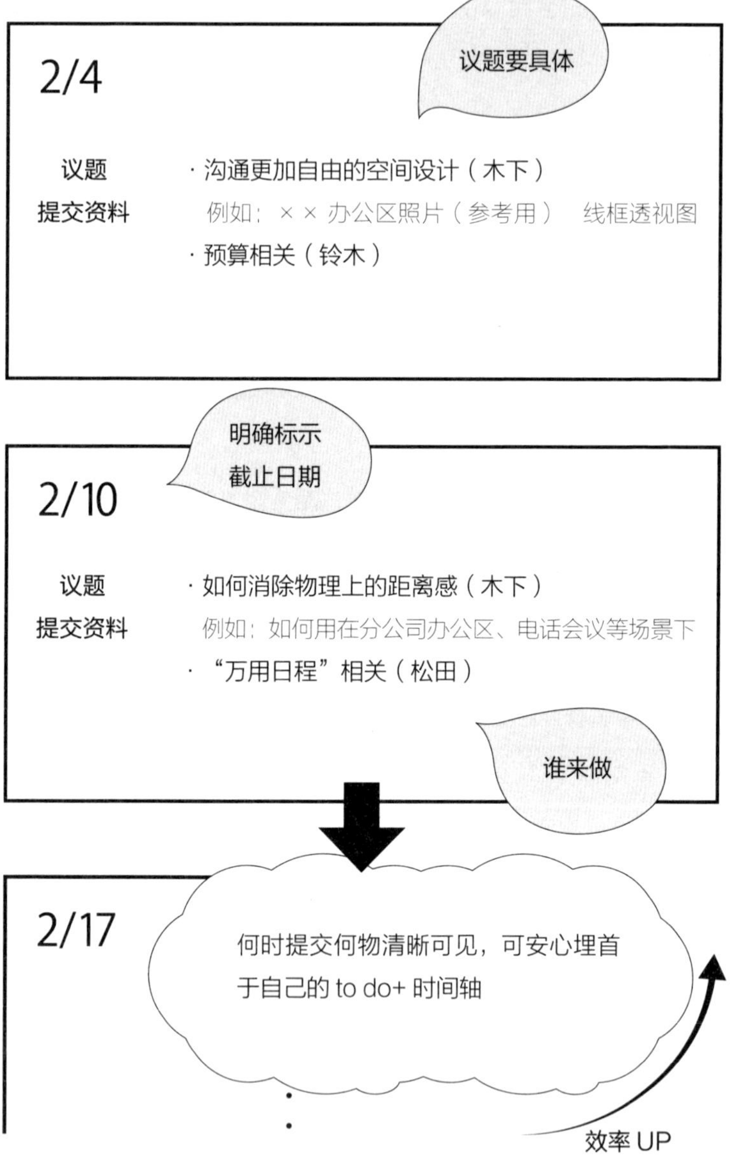

2/4

议题要具体

议题　　　· 沟通更加自由的空间设计（木下）
提交资料　　例如：× × 办公区照片（参考用）　线框透视图
　　　　　· 预算相关（铃木）

明确标示
截止日期

2/10

议题　　　· 如何消除物理上的距离感（木下）
提交资料　　例如：如何用在分公司办公区、电话会议等场景下
　　　　　· “万用日程”相关（松田）

谁来做

2/17

何时提交何物清晰可见，可安心埋首于自己的 to do+ 时间轴

·
·

效率 UP

图4 “短期计划”示例

如此一来，你就能让不熟悉项目内容的与会成员、客户明白接下来要讨论什么，减少不必要的疑虑与“无关”心态。你才能放下心来，专心做自己的事情，PDCA才不会轻易中止。

靠自己，每天进步1%

至此，我已经从尽力保持PDCA运转，以及再次驱动PDCA的种种方法中，归纳总结出不那么难的方法。试着实践以上列举的方法，处于PDCA中心的你就能每天获取1%的经验值，不断成长进步。

以上列出的都是在不受他人强烈影响的前提下，仅靠自身的改变就能成长1%的方法。从第三章开始，我们会进一步学习明确意识到“对方”“他人”的存在后，又该如何做。也就是说，第三章往后的方法、技巧都与我们自身之外的其他人存在联系。

如果人家不敢确保自己已经能很好地践行前文提到的所有方法，就请暂时合上本书，也可以选择多看几遍前面的内容，重复实践仅靠自己便可完成的那些方法。我相信，目前为止介绍的所有方法，已经足够帮助大家成长进步了。

如果大家认为自己已经建立起足以帮助自己成长的机制，就可以接着往下看了。

第二章概述

√ 除了 PDCA 的成功经验，大家更要深思 PDCA 运转失败的原因，把它转变为促进自己成长的经验值。

√ “单人推介”使 PDCA 达到最优化，帮助我们赚取经验值。

√ 巧用三人力量，可加速经验值的获取。

√ 提升工作效率的工具：
- to do+ 时间轴
- 阶段式 to do list
- 短期计划

第三章

中级篇

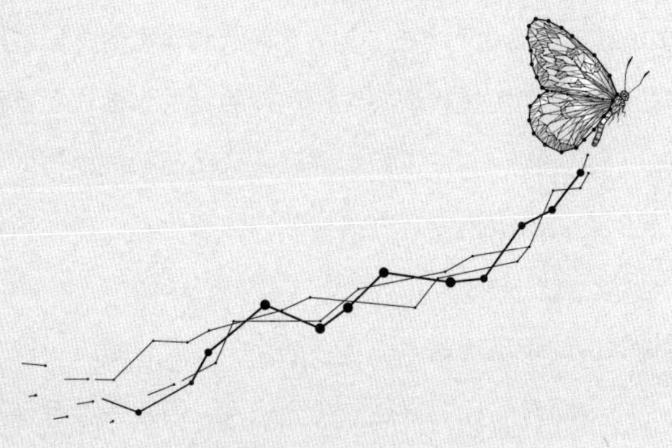

与身边的人一起
加速成长

引入“他人”元素，收获自身成长

开始读本章内容，就意味着你已经充分理解了初级篇，也就是第二章及之前的全部内容，并且已经把里面提到的所有方法收归己用，现在能够积极主动地为自己赚取经验值。也就是说，在经验值源源不断的累积下，每天1%的成长进步让你面对工作越来越得心应手，已经耗费不了多少心神，哪怕你自己还没有意识到这一点。

这个时候，就需要适当加重自己的“负荷”了。具体来说，就是要把PDCA运转时无可回避的“他人”带入到自己的成长之路上。

本书在开头已经提过，现实工作中接触到的“他人”不同于游戏里的同伴，不会在我们按下控制键后就自动而顺从地协助我们打怪攻关，甚至还会不听指令，出口抱怨，随意行事，由此招致双方之间误解不断，意见冲突。

“他人”指的不单单是人。本书的众多读者，最终可能会走上管理层，工作中面对的就不再是一个个的人，而是各种各样的人组成的一个大型团队，而大型团队也需要应对团队之外的其他。以一家企业来说，它面临的“他人”就是客户、地区，再往大一些，甚至还要应对国家社会以及整个世界。

从建筑师转入咨询岗的我，在回首过往时，深深感受到自己一路走来的整个过程，就是在与“他人”的沟通中陷入困扰，又在与他人的沟通中获得成长的过程。

画大型建筑图纸的时候，我必须与客户、施工单位沟通。转到咨询岗后，我又必须整合所有相关方的意见与需求，给出最合适的回应，还要站在客户的立场上，预测客户要打造的建筑能对客户的利益相关者，甚至对该地区与社会带来什么样的积极影响。

中级篇的内容就从这里开始。在运行PDCA，每天进步1%的基础上，我会再告诉大家如何分阶段认知“他人”，沟通与管理中有哪些实用的方法、技巧等。

第三章先从能直接见到对方的情景开始说起，接下来的第四章讲在人数众多的团队里如何开展工作。中级篇将按照“他人”由少及多的顺序展开叙述。

身处管理者立场

其实，只要工作涉及其他人，你就已经站在了“管理者”的位置上。

看到这里，有人或许会反驳，觉得这样就太把自己当回事了，公司里也不存在这样自我标榜的职衔。但我想告诉大家，即使你的工作仅和另外一个人产生联系，只要你在思考PDCA循环时，把这个人的因素也考虑在内，那么无论别人怎么称呼你，你都可以把自己放到管理者的立场上去。这样坚持下去，你迟早都会走上真正的管理岗位。

说实话，当管理者其实很麻烦，我自己就深有体会。

曾经有公司的后辈问我，如何才能成为一个好的管理者。去书店逛逛，你还能看到很多面向管理者的书籍。我想，这世界上恐怕有很多人是无意中走上管理岗的，他们当中的很多人，大概都对管理工作不得其法。

仔细想想，我当初也不是因为想做管理者才走上管理岗的。那时我觉得，操心自己的成长进步就已经很费神，要是还得时时思及他人，那肩上的担子就太重了。

但是，转念再想，对个人的成长来说，管理岗实在是一个非常“划算”的职位。管理者有掌控全局的特权，如果把这种特权看成“责任”，我们难免会感到压力沉重。但正因为所有的事情都由自己负责，对一切事情拥有裁决权力，我们才能在坚持进步1%的基础上，自由定制自己想要的工作方式。

这就意味着，把他人纳入考量范围后，我们能加速靠近理想中的自我形象。当然，我们未来的成长与项目成功与否、自己在想象中打造得更好的社会画像实现与否有着密不可分的关系。总而言之，在获准运用公司资源的基础上，我们才能掌控自己的成长。

适应了管理职位后，我们就会在工作中下意识地把其他人纳入自己的考量范围之内。因此，大家要先掌握高效增长自身经验值的方法，这样在面临第一关，即“眼前的他人”时才不至于腻烦生厌。

管理者赚取经验值的三种“模式”

处在管理者立场上的我们，如何工作才能高效赚取经验值呢？

我把个中技巧分为三种“模式”。

除了我自己的经验，我还观察了身边“不想当管理者的人”走上优秀管理者道路的整个过程。我发现，一个人能否成为管理者，不是看这个人身上有没有自己认为的管理者资质（是否适合当管理者）或这个人是否付出了努力，而是看这个人是否擅长运用如下的三种“模式”。

请大家开动脑筋，先让自己对此有一个大致的认知。

（1）第一种模式：订立比常人更宏大、更具价值的目标。

我发现，自己在工作中接触到的优秀管理者，看待事物的视角比一般人更全面、更超前、更宏观，他们会在此基础上订立目标，引领其他人前行。明确告诉大家，我从来没有遇到过没有宏大目标却取得成功的管理者。以我自己的经验来说，使用“第一种模式”，就已经具备了合格管理者的六成功力。

（2）第二种模式：直接呼吁对方、同伴“动起来”。

仅有目标还不够，如果没有实际行动，经验值就不可能诞生。人是一种很奇怪的生物，如果管理者所做的只是订立目标，那么即便像贴标语那样把目标张贴到墙上，其他人也不会付诸行动。越是远大的目标，越会令众人惫懒。此时就要采取“第二种模式”，直接动员其他人一起行动起来，实现目标，强力推动其他人做事。做到了这一点，管理者就能推动独自一人根本无法达成的大型事务，经验值也会随之上涨。

（3）第三种模式：坚持到底。

最后这种模式与管理者本身的秉性有些联系，这里说的“坚持到底”就是“无论如何都要继续做下去”的心理。觉得已经抵达临界点，想要放弃的时候，能否保持顽强的心态，认为“不能中途放弃，还是得继续下去”“最好不要放弃”，决定了管理者能否把经历转换为自己的经验值。掌握了这种模式，无论面临任何困难，你都能想办法把工作继续做下去。

以上三种“模式”，看起来或许有些老生常谈。如果觉得没什么收获，大家可以倒着再看一遍，是不是能觉出实用价值了？坚持到底不能仅靠自己的力量，还要呼吁同事、合作方给予协助，呼吁时需要说明自己呼吁的是什么，这时候就需要有一个听起来更吸引人、更宏大、更有价值的目标。

巧用三种模式推动工作

接下来再看如何运用这三种“模式”。

在工作中建立起宏大的目标后，我们就要列举出为实现目标自己当下能做的事情，再结合种种条件模拟演练，这是第一步。

无论在什么行业，无论项目规模如何，预算都是必不可少的一环。管理者要思考项目成本是多少，公司要思考营业额能达到多少，要留出多少利润，这样才能得出预算的范围与分配方法。

与此同时，管理者还要思考工作内容与日程规划。管理者自己无法完成所有工作，因此就又要思考需要找哪些人协助自己。

到这一步，工作内容与时间轴的主体就显现出来了。运用第二章提到的to do+时间轴与阶段式to do list，基于“第一种模式”的项目框架就会显现出来。

接下来进入“第二种模式”，向协作人员展示项目框架。如果只把整理成纸质资料的项目框架信息递交给协作人员，他们中的绝大多数人都不会真正行动起来，即便有所行动，效果也很可能偏离预期。

另一方面，这种做法也是多此一举。被求助对象在求助领域内的经验与知识往往都在求助者之上，我们倒不如直接告诉对方需要达成什么目标，说服对方加入自己的队伍，从对方那里得到更加专业的建议。这看起来似乎很麻烦，但在这一阶段吸纳对方入伍，与自己并肩作战，就会为让项目持续开展最终提升成果质量打下坚实基础。因此从整体上看，在这一阶段多花工夫反倒是高效之举。PDCA因他人而停转的根本原因就在于，我们没有真正意识到“第二种模式”的重要性，又或是没有在“第二种模式”上投入足够的热情。

上面提到的内容似乎很少出现在普通的PDCA指南里。说得极端点，即便PDCA运转良好，如果参与PDCA循环的其他人没有全情投入其中，没有付出努力，它最终也会停转。反之，如果能纯熟地运用“第二种模式”，就能在很大程度上维持PDCA的运转，因为参与循环的其他人都从心底里把各自的任务当成了自己的事情，以战友的心态为你而战。

中级篇

贴近对方需求，探索平衡点

接下来看看如何继续驱动“模式”。我们首先要思考，具体应采用什么样的方法贴近对方需求。

这里的对方，可以是同一公司的同事，也可以是项目成员。如果是公司外部人士，那就可能涉及供应商一方的对接人，现场施工人员，客户方对接人、负责人等。

但我认为有一点很重要，那就是无论对方处在什么位置，在最开始的时候，我们都不应该过分主动，要等到对方发出讯息后，再表现出自己的积极。大家最好不要一开始就没头没脑地往前扑。

这么说并不是让大家采取“被动”姿态。从实际效果上看，先引导对方完全说出自己的意见，再询问对方自己的想法是否可行的沟通方式，最终更容易产生附加价值。

这种沟通方式还常常被拿来当作与人交往的技巧。当你要和别人一起吃饭时，二话不说就把对方带到自己想去的店，哪怕是多么有人气的餐厅，都不如先询问对方的想法，参考对方的喜好并从自己了解的餐厅里选出一家，这种做法必然更令人舒服。

先从对方那里获取一个大致的框架，再沿着对方的想法继续深挖下去，如此一来，对方就会觉得最终的定论里包含了自己的想法。于是，他（她）就会把它当作自己的事情。以先前找餐厅的事情为例，即便最后去的那家餐厅并不符合对方的预期，由于那是贴近对方的需求之后做出的选择，你就还是能拿到及格以上的分数。

不过需要注意的是，这样的做法并不等同于倾听对方的意见，然后无条件地遵照对方的意见行事。还是以一般的人际交往为例，如果完全顺着对方的想法做决定，对方就会觉得你事前根本没做准备，又或是没有自己的想法，哪怕他（她）内心深处知道你是在妥协退让。

我刚进公司的时候，一度误以为客户怎么说就该怎么做。但后来我发现，很多客户会因此觉得我太刻板，提不出有创意的好点子。

那时我只想出了两个极端的方法，一是完全顺从客户，一是自己构思所有方案。但后来我才知道，正确的做法应该是在探察客户意图的同时，发挥自己的作用，以此满足客户的需求。

假如有人说今天想吃中餐，我们不能说“那就告诉我你想去哪家店”，更不能直接打回对方的需求，让对方改吃日料。正确的做法是，先接受对方的需求，然后再问他（她）为什么想吃中餐，探察对方需求背后的理由。由此我们就会知道，对方究竟是单纯想吃中餐，还是只是想吃口味比较重的食物。还有些时候，可能对方只是最近心情不好，想给自己换换口味。那这个时候，我们甚至还可

以排除中餐，给出其他一些能让人吃得开心的建议。

以我从事的建筑行业来说，咨询师往往容易聚焦在施工方面，而客户在往后相当长的一段时间内都会使用建筑，因此建筑实际上如何发挥作用才是重点。业务的增长、研发领域的开拓、对社会的贡献等，这些都是需要考虑的方面。我们要沿着这个方向整理思绪，制作提案，这一点十分重要。

只要迎合了对方的需求，你的所有想法对对方来说就都是有意义的。掌握了这样的思维，你应该就能做出不错的成绩。

对话是产出创意的源泉

基本上，在进入提案环节之前，我与客户交流时都会注意把他们引导到自己的真正需求上去。简单来说，就是努力让客户进入可以自然而然地对我说出当下想法的状态。

这种做法能产出更大的附加价值，创造大大超出预期的满意度。这是因为，客户通过自如表达自己的意愿，不只说出了他们想说的话，也让他们更进一步发现了此前未曾意识到的东西。他们往往会感谢我，说在与我聊完后，自己的想法也变得清晰有序了。

我曾经参与过一个项目，是帮一家地方企业重建总部大楼。企业的经营者这样表达了自己的需求：“我想把新大楼打造成有名的景点，所以得修个神社。”

同事们听到这句话，都摸不清客户到底想要什么。不得不说，客户说的神社确实令人费解。我们就与客户面谈，尝试引出客户的真正诉求。

原来，客户公司的大老板是希望利用重建总部大楼的难得机会，尽量帮助当地经济的整体水平提高。建造神社的诉求只是表象，客户真正想要的是让公司总部大楼成为汇集游客的知名景点，推动当地经济繁荣发展。

引出了客户的本质需求后，接下来就该我们发挥作用了。我们建议在大楼里布局“小巷”，凸出百转千回的游览效果，打造大面积的开阔空间，把人流引向商业区，在中心地带设置地标，吸引人打卡拍照……知悉了我们的提案后，对方公司的老板还倒过来给了我们一个灵感，说在游览路线沿线是否能添加他们的地方象征——山景。这个点子是我们之前完全没有想到的。

如果一开始的时候忽略了对话沟通，我们必定就会找一些用于逃避的借口，像是觉得对方说的“神社”就是在刁难人，得想办法糊弄过去等。然而，透过对话，请对方畅所欲言之后，我们就能把对方的想法再升华一个层次，做出令人难忘的出色成果。

想法一致，工作才能顺利推进

沟通交流时的重点，是分享各自的想法，寻求一致。

与对方进行商务沟通、商谈时，我们往往想的是如何抵达最终的目的或结论，这就好像是不由分说地让一个想吃中餐的人改吃日料。

要知道，真正重要的是探讨出“目标”，然后再决定该用什么样的方式推动目标达成。

“目标”不是“目的”，我这么说，可能让大家产生疑问。我想说的是，“目标”可以只有一个，但“目的”是多种多样的，这么一说是不是就可以理解了呢？当然，在推动某项具体工作时，我们必须在必要的时候决定好目的，而在此之前，应先使目标和彼此间的想法达成一致，这一点更为重要。只要做到了这一点，目的自然就会显现出来。

同时，想法达成一致后，即使PDCA即将停转，我们也能大大提升处理问题的效率。

如果我们只和对方达成了统一的目的，那当目的出错，或是不得不变更目的的时候，我们就又得回到原点重新探讨。大家可能觉得这是无可奈何的事情，但只要出现这种情况，除了成本、时间、人力的虚耗，我们自己以及参加项目的其他人更会感觉到强烈的无力感。再度从头开始，会让我们失去本可获取的经验值。

那么，如果同时在想法上达成一致，情况又会如何呢？此时，即便最初定下的目的出于种种原因必须更改，只要大家的想法没变，就绝不会出现需要再从头商量探讨的情况，所有人也都不会有重新开始的无力感。我们只需要回到当初的想法上，思考如何善后即可，因为我们和对方之间已经达成了统一共识，建立了互信关系。

说一个我给客户提交设计方案的故事。当时我的客户是一家态度保守的公司，我就告诉客户：“我觉得重点是让用户感受到即便时光流逝，万事变换，我们依然贴近用户，给他们带来安心感与信赖感。”建议墙面主体设计走经典风格。

不过，面对这家客户，我们的专业性还可以体现在通过改变措辞来提出完全相反的方案。我们可以说：“贵司有悠久的历史，说明贵司擅长应对一切变动，始终坚持开拓未来。我觉得设计的重点是体现公司的前瞻性和未来感。”这样就能提交一个具有未来感的新颖方案。

这就是说，即便所有人的“目标”相同，都是想让建筑变得更好，我们也可以在“目的”上分出许多选项。

最终起决定作用的是“想法”。在这个项目中，我们解读客户的悠久历史的含义，并站在客户的立场上商量探讨，最终达成的结论是选择新颖的设计方案。不过这只是单纯的“目的”，重要的是探索客户想法的过程。

也就是说，彻底统一想法，会让我们彼此心灵相通，有机会高效、轻松地开展工作。换句话说，统一想法会让我们保有一定的话语权，降低往后被客户指手画脚的风险，改换方向的时候，我们也不必完全退回到原点，发生纠纷时，也能及时止损。

如果真的害怕麻烦，重视效率，反倒更应该先统一想法，它会带来很大的助力。想法统一后，我们就能在既定的范围里充分发挥自己的特色。

养成统一大致框架的习惯，就能卸下压力，让工作顺利进行下去。

了解对方的期待值

要达到得到对方的好评与信赖并推动PDCA运转的目的，是否超出了对方持有的期待值是一个很大的影响因素。而问题就在于，期待值来自哪里，合格线划在哪里，这些都没有统一的定论，它们因人而异，同时也因各种情况而变化。

恰当地处理好期待值与合格线的问题，成长就会更快一步。因为我们已经知道了自己该做什么，又该做到什么程度。

就我所从事的建筑行业来说，如果客户很重视成本，那么抛开成本只谈设计的方案再怎么做都不会得到客户的认可。反之，如果客户想要的是独一无二的设计，那么以成本有限为由做出的普通方案只会让客户兴趣缺失。这种情况下，客户不会给出期待值，自然也就不存在建立在期待值基础上的合格线了。设计与成本控制都是重要的工作能力，如果不能清楚地分开两者，工作效果就会起到反作用。

其实，我之所以如此重视这方面，是因为曾经有过一段不太常见的个人经历。

我曾经暂别建筑设计的工作，跳槽到一家寿险公司。选择寿险公司，是因为它在全国各个城市都持有很多投资房产，以此作为收益资本。而公司之所以接受我这个建筑方面的专业人才，是希望我能够拉高投资效应。我当时觉得，以内部视角探索建筑的商业价值，能让自己获得更大的成长进步。

正如我预想的那样，虽然做的依然是建筑相关的工作，但公司对我的期待变了，我要从思考如何建造，转为思考如何提升投资回报率。工作中面对的还是建筑，因此已有的技能可以派上很大用场，但我工作的目的和加诸我身上的期待值，可以说是完全不一样了。

对关心投资回报率的业主，如果你站在设计的角度上阐述建筑的美观价值，你将不会得到任何积极回应。只有把方向放在如何提高投资回报率的主题上时，你的方案才具有价值。

那家寿险公司把我招进来，是为了吸纳新型人才，促进公司的发展活力。公司的需求并不是改变寿险业务坚实的商业模式，而是透过新的角度提升房产运营的收益能力。

在这样的认识下，我从如何满足承租方预期、降低空置率、提高租金的角度上展开思索，就如何提升设计感制定提案。说实话，对出身设计事务所的我来说，当时的那份工作并不能激起我的工作热情，但随着成果变为一项项可喜的数字出现，我的大胆想法逐渐得到认可，工作就变得乐趣十足了。

而当我作为寿险公司房产业务的负责人，听取像过去的我一样从事建筑行业的专家给出的方案时，我无数次遇到几乎不考虑寿险公司的期待值，只把自己想说的、自己认为最好的东西列进去的情况。从专业的建筑视角上看，他们的做法并没有错，但因为没有站在寿险公司的立场上思考问题，因此完全没有任何效果。自然，这样的方案没有被公司接纳，也没有得到公司的信赖。

对方处在什么位置上，想的是什么，这些在贴近对方的需求、探寻对方的想法过程中会自动显现出来。再之后，我们就能知道对方期待的是什么，期待值的底线在哪里。了解了这些之后，我们接下来只要发挥自己的专业能力，朝着超出对方期待值的方向努力就可以了。如此一来，我们的能力就会换来对方的安心感与信赖感，PDCA自此开始强力运转。

在对方意料之外的领域拿分

至此，我提到的都只是在对方划定的领域之内获取高分以超出对方期待值的方法。除此之外，还有另外一种得分方法。那就是在对方没有想到的地方拿到意料之外的得分。换句话说，前面提到的是“努力做好交代下来的事情，获得好评”，现在这种方式则是“通过做客户没有交代的事情，获得好评”。这样看起来好像是在否定前一种方法，其实并非如此。前一种做法很重要，为什么这么说呢？

切实做好客户交代的事情是最重要的前提条件。探索客户的期待值、超出期待值的做事方法属于正面直攻。

然而在现实情况下，有些时候我们无论如何都无法做到超出期待值。比如成本投入不允许，客户想要的方案受技术、时间的限制无法实现等，此时无论你有多大的能力，多么想达到客户的要求，该做不到的就是做不到。

其结果就是，以满分一百分来算，假如客户的期待值在八十分上下，你就很难超越期待值。即便客户想要的东西从专业角度上看几乎不可能实现，但要知道，客户并不是这方面的专家，哪怕他们了解了其中的难度，期待值也还是没有改变，他们无法消除内心的遗憾失落。

在这种情况下，我们就应该思考如何在客户没有想到的地方拿下分数。做好客户交代的事情是本分，而身为专业人士，我们不能只做被要求做的，还应该在客户的期待之外多加思考，我们还能提出什么替代方案，还能想出什么客户都没有想到的好点子。

事实上，“意料之外的得分”还能帮助我们覆盖“职责范围之内的过失”。与客户沟通交往的过程中，我们不可能总是完全正确地领会对方的意图。在客户方完全不了解相关领域的情况下，产生误解的可能性会更大。即便双方都想达成精确且有诚意的沟通效果，也依然难免遇上措辞、意图理解不当的情况。

这个时候，如果我们在平时打磨方案的过程中，总是不断提出新的得分点，那么即便在规定的职责范围内犯了错，客户也会因为我们积极的态度去忽略那些小的过失。

只做客户交代的事情，工作起来就失去了很多趣味。私下做好客户没有交代的事情，在必要的时候拿到客户面前，给客户带来意外之喜，这种成功会让人非常有成就感。就冲着它让工作变得丰富有趣这一点，我也建议大家多多扩充工作范围，拿下得分。

事实与逻辑之外，再加上“热情”

有时，我们基于事实与数据架构逻辑，却没有得到对方的采纳，好不容易开始运转的PDCA就此搁浅。尤其是很多年轻人，他们明明做法得当，工作却无法顺利推进，于是产生不满情绪。

要知道，只要是与人共事，这种情况就在所难免。用精确的数据分析事实，得出逻辑后提出设想，怀着万无一失的信心提交的方案，接下来怎么都该进入启动阶段了，但很多情况下，PDCA的运转其实还差了一个驱动力。

在我看来，事实与逻辑之外还要加上“热情”，只有这样才能得到对方的认可。也就是说，只有当事实、逻辑、热情三者集结在一起时，PDCA才会开始运转。因为，事实与逻辑都是静态的事物。听你阐述方案的人，只会以逻辑来回应逻辑。而当你把思绪放在逻辑上时，你会站在逻辑层面上找出对方的漏洞，驳倒对方，守住自己的逻辑。

如果能让对方认清事实，以毫无漏洞的逻辑说服对方，这说明你有很强的说服力，自然也没什么问题，但如果只靠事实与逻辑，你对对方的提议基本上就变成了强迫对方和你一样思考。而当你是相关领域里的专业人士，对方却是门外汉时，这种情况就更会给对方带来沉重的压力，激起对方的不安感。

设想终究只是设想，最后的实际效果如何只有照方案做过之后才会明白。提出设想时，即便你的事实与逻辑都站得住脚，真正做起来后，实际情况也有可能发生变化，况且对方并不是专家，原本就很难确定方案的可信程度究竟如何。

此时，第三要素“热情”就能发挥很大的力量。大家总是觉得，逻辑与热情是水火不容的关系，这么想并非毫无道理，但正因为如此，你就该知道热情能够多么强烈地打动他人。

热情来得毫无根据，它诉诸情感，动摇人的心绪，从内在驱

PDCA 的顺畅运转离不开“热情”

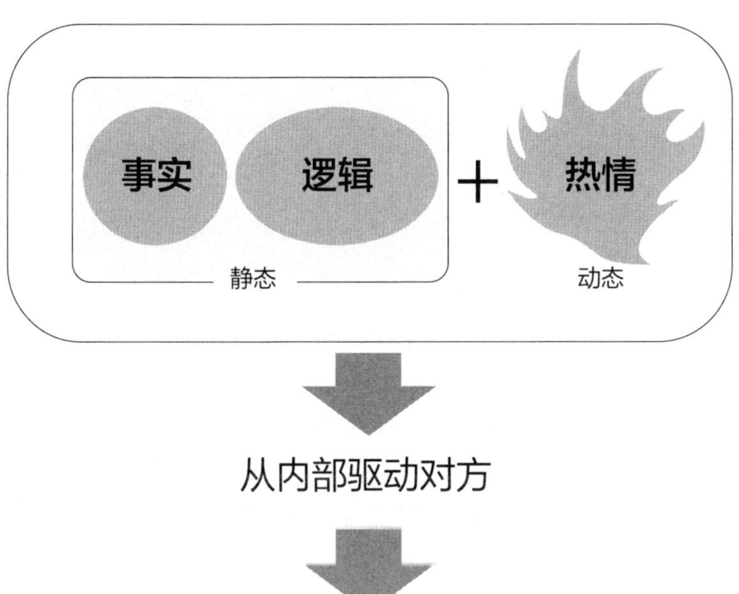

动他人。热情只能传达给面对面接触的人，然而如果对方处于核心位置，又确实被你的热情打动，那么这股热情就会成为推动及稳固PDCA循环的强大动力。

热情满满是一个人值得信赖的助力。因为往后无论发生什么事情，它们都不会逃离，也不会背弃你。事实上，我自己也多次在热情的驱动下展开工作，我的热情常会给予我信赖的人，也曾经在万分危急的时刻帮助过我。

倾注热情看起来很费精力，但想保持PDCA的运转，热情就是需要关注的重点，也是我们应该跨越的难点。

想要意见被采纳，注意“开口时机”与“思考深度”

构思PDCA的框架，又或是探讨如何修复停转的PDCA时，大家需要注意三点。

一是营造有讨论余地的探讨氛围。其余两点分别是趁着适宜的时机说出自己的意见，以及思考要有深度。

为什么有些会议在进行时出现了太多意见，无论怎样都无法得出一个统一的结论呢？因为大家展开探讨的先决条件没有同步。一些人基于已知的信息陈述自己的意见，还有一些人根据自己听来的情况陈述自己的意见，大家了解的信息各不相同，以致讨论混乱。

而在所有人当中，又有一些人对当前的境况懵懵懂懂，整个会场就变得乌烟瘴气。

我们是一家咨询公司，因此常常要在会议上把控讨论节奏，如何保证会议正常进行是我们关注的重点。此时能起到作用的，就是注意开口发言的时机与发言背后的思考深度。如果没掌握好这两点，即便我们的发言合情合理，它也不会起到多大的作用。

先说发言的时机，当一个人正情绪激动地表达自己的强势意见时，即便他（她）的发言再怎么离题，大家也不能在那个时候驳回去，这样反而会适得其反。在对方激动时迎头而上，不管你之后的言论多么在理，你的意见也不会被对方接受。

此时，你要做的是让发言人把话说完，静静等待，直到其他与会者表现出听厌了的神情。等发言人说痛快了，你再找准时机说出恰当的意见，把主题带回来。场面越是失控，就越不能急着往下走。

说完了自己的意见，接着还要再说意见背后的思考"深度"。你不能只提结论，还要把得出结论的原因、根据等思考过程一并详细地解释给其他人听，证明自己是在深思熟虑后才得出了现在的意见。过程说得越细致，说服力就会越强，你的意见就更容易变成全体与会人员达成统一的结论。

跳过了这一步，即便你的意见再合理，也会让人觉得你把会场变成了自己的一言堂，别人觉得自己受到了愚弄。一旦有了这种印象，之后的讨论进展得再顺利，你的意见也不会得到全员的一致赞同，你会因此受到束缚，话语权减少，实在是得不偿失。

大家要善于找准发言的时机并表现出思考的深度，它们是让你充分发挥自身能力的重要工具。

依照对方性格，直击内心

世上的确有与自己意气相投的人，但话不投机的人却占多数。而在工作中，我们往往并不能选择自己的服务对象。

为保持PDCA运转，我们必须思考如何与不同于自己的人交流（在对方看来，我们可能也是与他们不同的人），如何走进他们的内心。

面对与我性格不同的人时，我一般会“参照”他们调整自己。

因为工作性质，我常常会遇到各行各业的人，他们的年龄跨度也很大，有七十多岁的，也有二十来岁的。身为咨询师，与性格、年龄各异的人构建良好的沟通关系是我的重要职责，但实际上，我本人并不擅长社交，年轻的时候就已经如此了。

让我认识到自己会依照他人调整自身状态的，是最近偶然发生的一件事。

某次参加聚餐，只有我一个人迟到了，当我赶到那里的时候，不知道之前发生过什么，整个聚餐的气氛已经非常热烈，而当时的我还没有开始喝酒，情绪远不及大家那么激动。因为不想破坏气氛，我就努力调动自己的情绪，快速融入了进去。

一个人注意到我的举动后，对我说了这样一句话。

“你这家伙，向来就知道怎么迎合别人！”

之后，大家就开始议论起我年轻时工作的样子。他们说，我和谁打交道，就会照着谁的样子调整自己的性格。我之前从没有意识到这一点，听到他们这样说，我才发现确实是这样。

遇到理性的人，我会变得理性；遇到说话不急不缓的人，我说起话来也会不急不缓；遇到急性子的人，我会加快语速，先说自己的结论。也就是说，我会照着对方的性格调整自己的状态。

我并不是故意装得与对方一致。人本身就有多种多样的心理状态，有时理性，有时不理性，有时懒散，有时性急。任何人应该都是这样的。

我所做的，就是根据对方表现出来的样子，从自己开朗、严谨、理性、大大咧咧等种种特性当中，选出与对方接近的样子，再把它着重表现出来。

熟悉了这个过程以后，只要观察对方几分钟，你就能调整出合适的状态了。如果偷懒不做，就容易让对方觉得你是在故意拉远彼此的距离。如此一来，对方也会主动与你拉远距离。当对方觉得你们之间没有多少距离感时，沟通才会变得自然，对方也更容易说出内心真正想说的话。

沟通过程中，对方能轻易察觉你对他是否足够尊重，遗忘了尊重，后果不堪设想。大家要注意这一点。

对方漠不关心时，强行拉回他们的注意力

与对方当面交流时，另一个应该警惕的现象，就是对方对你的

表述没有显露出一丝兴趣。

本章内容基本都站在对方有自己的想法和需求的基础上，讲述如何贴近对方想法。而有些时候，对方可能并不是很用心，因此与你交流的时候没有那么认真，应该行动的时候也没有行动。他们的漠不关心直接导致对项目的了解不够，引起PDCA停转。自然，我们获得经验值的难度也随之加大。与人一起共事时，希望他人足够关注眼下的工作本是人之常情。

为什么有些人会抱着漠不关心的态度呢？根据以往经验，我认为情况可分为两种。

其一，对方本身就是听不进话的人。

无论有意或是无意，总之，他们不会特意去理解自己听到的内容，往往都是从自己的角度出发行事。这种情形非常危险，可能你刚觉得前进了一步，进度马上又会倒退三步。

其二，对方喜欢逃避。他们想的是怎么减少自己的工作，因此往往会找出不做某件事的理由，对你表现出摇摆不定的态度。

其实，无论属于哪一种情形，不变的是对方都想尽量不做事，而我们别无选择，只能与他们共事。面对这种情况，我会这样处理。

如果对方是那种听不进别人话的人，我会要求对方用自己的话解释我提出的内容，如果与我的认识有差异，即便会招致厌恶，我依然会锲而不舍地一遍遍重复我想表达的意思。

从我的个人经验来看，哪怕在会上重复说了十分钟，会议一结束，还是会有人问我说的是什么意思，实在是让我泄气无语，但这种令人难以理解的情形还总是循环上演。哪怕我站在对方的角度上说得足够细致了，我也无法保证对方理解的和我想传达的是同一个意思。

这里就有个技巧，在重复解释说明的时候，改变给对方解释的方式、地点、时间、措辞会是比较好的方法。除了口述，我还会多多利用其他的方式，比如会议纪要、邮件等。有时，同样的内容，我在重复的时候会调换一下各个部分的顺序。

以我的经验来看，大多数情况下，这样重复五次，对方就能理解我的意图了。大家在沟通交流时，最好预先做好重复这么多次的准备，这比之后PDCA停转要好得多。

喜欢逃避的人则不是很好对付。这一类型的人基本上都不介意给周围人添麻烦，因为他们把推掉自己的工作放在第一位。这种时候，就只能采取稍显强硬的措施，让对方明白，逃避工作最后苦的只是他们自己。

此时，一种有效的询问方法就是假装站在对方的立场上关切对方，最后以“你没有问题吧”来终结自己的发言。比如，你可以这样说：“目前无法下定论，这一点我了解了。非常遗憾，我们很难按照现在的计划推进度。我对大家表示歉意，说起来，负责这一块的××早就盼着今天的碰头会能给出结论了，现在结论还没定下来，照这个进度，××，你没有问题吧？”

关切且如实地告诉对方，他（她）目前面临困境，以此切断对方的退路，这样做是很有必要的。在上面的例子里，对方是“人”，大家就还能用“成本”“时间”上的问题切断对方的退路。

通过论述对方尚未意识到的危机，促使对方自觉行动，巧妙地将对方拉回到眼下的局面里，这种成熟的处理方法对维持PDCA的运转很有必要。

“责任感”留给个人，“责任”留给组织

作为本章总结，我想讲讲对于由对方引发的事故，我们一般应该怎么解决。

我自己也有种感觉，就是他人可以在很大程度上妨碍PDCA的运转，有时甚至会产生阻挠作用。然而，如果面对问题只是一味叹气，那也不会有任何意义。

这种时候，把事故责任归结到对方身上，就意味着我们在精神上已经输了。

如果从项目全局出发，把它视作特定的某个人的问题，乍看起来，处理完事故后，剩下的人还能继续顺利推进工作，但从另一方

面看，你可能就放过了引发事故的根本问题，它才是新问题出现的萌芽。

我认为，真正聪明且重要的做法，是在个人身上多追究“责任感”，而把“责任”加诸组织（体系）上，这并不意味着“圣母心态”。

假如碰到了事故，请大家先这样设想：事故之所以会发生，是因为我们采用的是现在这种体系，然后再思考什么样的新体系可以解决这个事故。

假设某个人漏看了计划表上自己应该做的一件事请，由此引发事故，在提醒对方“不能漏看”的同时，大家更要思考那个人为什么会漏看，计划表的制作方法、传达方法、反馈方法，又或是计划表本身是不是真的发挥了有效作用，尝试从这些疑问中找到解决办法。

一个人犯了错，我们最多追究他（她）责任感不够，但引发事故的责任，还是出在体系制度上。

仅仅提醒每个人多加小心，乍看起来是让大家都有了避免事故发生的警惕心，但最终同样的问题还是会再次出现。没有人会故意犯错。想杜绝同样的事故再次发生，充分认识到人都会犯错这一点，从组织整体的层面上加以修补，调整出一个新的体系，以使事故引发的损失不会蔓延到整个组织才是真正重要的举措。

贴近犯错者的心理，应该就能找出真正有效的解决方法，得出不会令事故再次发生的组织运转方案。

与人交往对我来说是件难事，却也让我感到有趣。因为我和对方彼此之间有着不同的知识与经验，背负着不同的人生，秉持着不同的思考方式，通过交流必定能学到并发现些什么新东西，从而产生共鸣。

然而PDCA循环范围越广，我们无法直接接触的人就越多。我们会面临更加棘手的情况。沟通技巧自然也要随之改变。

在接下来的第四章，我将为大家讲述当项目规模过大，无法直接面对面地接触到每一个人时，我们如何在维持PDCA运转的情况下得到经验值。

第三章概述
√ 管理者实践的三种“模式”：宏大的目标、驱动对方行动以及坚持到底。
√ 高效推进工作的关键在于“想法”达成统一。
√ 交代的事情和意料之外的领域都拿分，巧妙提升好评度。
√ 想让 PDCA 顺利运转，除了事实与逻辑，还要倾注热情。
√ 从组织层面寻找事故发生的原因，思考如何改善。

第四章

中级篇

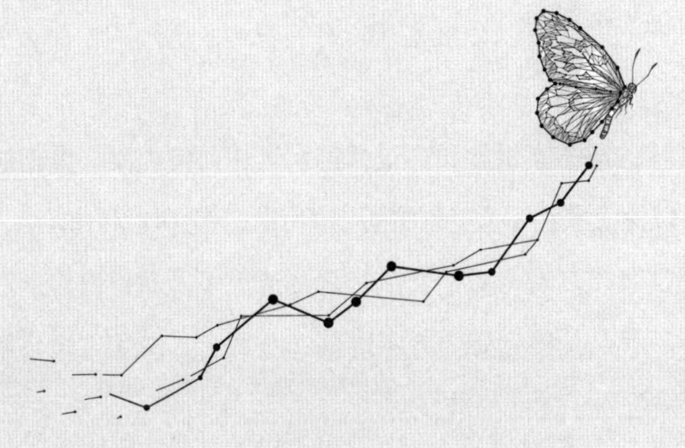

妙用技巧，

轻松攻下隐形对象

彼众我寡时，先把目标定为不遭对方否定

能直接面对面接触对方的情况，与对方人数众多，难以一一应对的情况，它们各自可采用的沟通技巧大有不同。

到第三章为止，我基本上提到的都是获得对方认可的工作方式。接下来要讲的重点，就是当对方人数众多时，如何不让多数人都对自己的言论持否定态度。当然，所有人都赞同自己是最理想的情况，但这种情况在现实里很难实现。从我的个人经验来看，稍微降低标准，如果可以让对方70%的人表示“还行”，那么剩下的30%就不会明确表示否定了。

本章将围绕方案讲解和会议探讨，讲述如何提案，如何达成意见统一，以使大家在不遭受对方否定的情况下顺利运转PDCA。

当无法直接与对方对话交流，需要请很多人做出决定的时候，最难的一环就是一锤定音的方案讲解。基本上，做完方案讲解，你就会得到对方给予的明确结果。

我在进行讲解时，除非万分确信自己的方案挑不出什么毛病来，否则我通常都会十分注意刚开始的发言，务必保证开头万无一失。我会尽量站在所有人的立场上，先从任何人都无法否认的内容开始讲起。比如，对于听取方案的客户，在讲解解决方案之前，我会先说明这个方案的根本目的是什么，为什么客户需要这个方案，不用说得过于具体，只要把想法传递给客户即可。

放在开头说的部分，可以是客户方的企业理念、历史沿革、所在行业面临的一般问题，以及公司发展如何联动人类向往的美好未

来等，这些都是对方不会否认的内容。确切来说，大家需要撇开自己的主观想法，先彻底去除可能遭到对方否定的因素。

也就是说，大家要说的，是客户平时习惯听到的内容。而当我们把自己切实做了调查设想的事实通过这种方式展现出来后，客户就会卸下不安，从心理上大大认可我们。我们会传递给客户一种强烈讯息，就是身为被他们挑中的行业专家，我们已经很好地理解了全局状况。

这是因为对客户来说，越是理所应当的、重要的事情，就越会渗透在平时的工作中，容易被人忽略，渐渐地，他们就把用于达成目的的方法变成了目的本身。讲解方案前先摆出真正的目的，就会聚集客户的关注，得到他们的信赖，这是一种无须花费精力的聪明做法。

整体上看，这一部分需要特意提出来认真讲解，但可以只分配很短的时间。有了这个部分，方案获准的概率就会大大提升。

方案讲解重防守，轻进攻

不求有功，但求无过的战略，换句话说就是重防守，轻进攻的战略。第三章之前讲的基本都是主动进攻型的战略，为什么到了这里，我们要改变战略呢？

在对方人数不多，可以直接当面谈话交流的情况下，以热情撼动对方的内心之后，即便方案还多多少少有些问题，我们也能顺势让对方接受当前的方案。然而，如果对方人数众多，就不可能出现所有人都被我们的热情打动的情况。

当参会者中有人持有不同观点时，我们不熟悉的那些人就会从各个角度全面地探讨我们提出的方案。他们所处的位置、经历各有不同，会接连提出种种问题。

准备方案讲解时，一个非常不好的做法就是不去设想这种问题不断的场面，把大部分精力都放在主动进攻上。只考虑如何增强说服力，就会遗忘巧妙解答对方疑虑的必要性。

越是重要的方案讲解，会场上就越可能被人挑出出人意料的小错。而当讲解方案的人分成好几个时，对方就更会揪住内容上的差异不放，事无巨细都要过问。

想预防这种情况出现，自然就要尽量不犯疏忽大意的过错。此外，在准备阶段，除了自己要提的建议，我们还要意识到自己没做什么，想想竞争对手可能会提出什么样的建议，思考在对方向我们提问之前，我们要怎么先向对方解释“为什么没采纳，没考虑”对方想问的，以此打消对方的疑虑。

如果不对最先提出质疑的人给出合理解释，放任自流，那么一开始看好方案的人也会开始感到不安。最终可能令对方产生重大怀疑：这个人和这家公司真的是一个好的选择吗？

把方案做成“情书”

如何制作用于讲解演示的方案，这个问题很难用一两句话说清楚。大家所在的行业及细分领域都有各自的恰当方法，以我有限的知识见解，肯定不能直接帮到大家。

不过，我想向大家强烈推荐一种个人觉得能让方案显得与众不同的普适方法。那就是把方案做成“情书”。

在方案的制作方式与内容上，与竞争对手拉开绝对差距并不简单。况且，即便真的做到了，由于听取方案的人往往并不是相关领域的专业人士，他们很难感受到其中的差距，于是最后，他们会觉得每个方案看起来都大同小异，倒不如选择报价最低的那个。

情书化的制作方式，恰恰就利用了这一点。

听取方案讲解的一方，最终往往还没有完全弄懂重点在哪里，就对方案做出了评价。

从我们这一方来看，如果不能通过方案讲解让客户看到方案里有哪些点对项目很重要，对公司的前景作何描述，如何适配项目，有哪些地方应该拿出来对比探讨，那对方就不会对我们的方案做出正确评价。

把方案制作成情书的秘诀就潜藏在这里。制作方案时，大家要事先加一些其他内容，比如“在这个阶段，需要核查这几点”“在这一点上，近来发生过这样的问题”等。一般而言，方案制作阶段常常会省略这些内容，但大家需要站在客户的立场上考虑问题，把客户想了解的东西尽可能整理成图表，方便客户理解，自己在讲解的时候，也要尽量使用日常易懂的表述。这样一来，我们就能让客户理解我们在说什么，我们的热情也能更好地传达给客户。一旦热情传达到了，客户再看方案时就会觉得很有吸引力。

这种情书化处理，还需要另外注意一点，就是方案并不是讲解演示完就结束了，接下来它还会从客户方的对接人那里，往客户公司里的其他相关人员、上级、老板那里一层层传递，而这些人并没有听过你的方案汇报。

他们看完枯燥无味、难以理解的方案后给出的反应，与看完解释了难懂之处与一般问题的方案后给出的反应必定是截然不同的。当你没有机会直接对客户方的老板做推介时，你在讲解方案时的口头表述就更不会传递到对方那里。把方案写得像情书，就能预防方案传递上去后又被推翻的情况出现。

充分利用讲解前的5～10分钟

当准备工作已经结束，进入讲解倒计时后，大家可能都会觉得没什么可做的了。顺利讲解完毕，进入答疑阶段时，大家会稍稍松一口气。但我想说，讲解前和讲解完毕后这两个时间点，正是决定你的方案是否能够获得客户认可的关键时机。

在正式开始前的五分钟里，你还可以做些什么呢？

一般来说，你可以大致翻看一下方案陈述，再度确认接下来的要点讲解顺序，在大脑里反复回顾关键句，温习对方公司和相关人员的名字，等等。到这个阶段，这些信息应该都不会有错漏，你只要着重复习就好。

复习本身也是很重要的事情，归根结底，它就是把此前做的所有准备再过一遍。

要点 1

我首先会把自己从此前专注做准备的精神状态中抽离出来，放空心情后再浏览方案。做到这一点有个技巧，就是彻头彻尾地变成一个与目前的方案完全无关的人，站在这样的立场上检查方案中有没有致命的错误或不恰当的论点。如此一来必然会发现若干差异或小错误，那我就要改变论述，完善这些瑕疵。我做了25年的方案讲解演示工作，到现在还是能在正式开始前检查出几个需要修补的地方。

说一件丢脸的事，就在前不久，我在乘车前往客户公司的途中，在提交给客户公司董事会的资料里发现了一个记载错误的数字。这个地方要是被客户发现了，必定会大乱一场，我赶紧拿着圆珠笔修改过来，避免了一场“灾难”。

这种错误是不容许出现的，然而一旦过于集中注意力，有时眼里反而看不到错误。抓住最后的五分钟时间，就能总体上杜绝潜在的风险。接下来谈谈如果做完这一步后时间还多出了五分钟，大家可以另外做些什么。

要点 2

一般来说，制作方案及准备相关资料时投入的时间与精力越多，制作人员就越想尽可能详细地给客户介绍解释清楚，于是就可能导致各个部分的时间分配不均衡。正式开始前如果还有五分钟时间，大家可以思考如何让讲解流程更顺畅。比如，你可以省略过于冗长的铺垫和只有专家才能理解的复杂内容，如果有些内容确实有必要留着，就想想怎么说会更加简明易懂。这里需要留意去除旁枝末节，抓住主干。

利用其他人的方案计划书做训练可以更快掌握这种复核工作。大家可以看方案里的一部分内容，在五分钟之内检查那部分内容，掌握内容梗概，做模拟训练，看看假如让自己来讲解，可以达到什么成效，可以省略哪些内容。

要点 3

除此之外，大家还要预想听取汇报的人可能会提什么问题，而自己又要如何根据讲解的方案逻辑给出回答。经历了这个步骤后，即便碰上对方持否定态度，又或是提出角度刁钻的问题，大家也能用自己的逻辑给出解答。

话说回来，否定意见及出人意料的提问之所以会出现，很多时候都是因为作汇报的人和听汇报的人下判断的前提条件不同。提问者会基于自己定义的条件提出问题，还会根据自己的个人经验提出质疑。大多数时候，只要说清楚前提条件的差异以及背后的依据就可以解决对方的疑问了，而事先想好应对方法，就能沉着冷静地把讨论拉回正确的轨道。

先问自己“应该做什么”

本章后半部分将围绕会议及讨论的方式，阐述如何使商谈推动PDCA运转，帮助我们获取经验值。

围绕会议展开论述，是因为会议本身就是能够看到对方的沟通方式，而会上决定的事项，往往还会给无法与自己面对面交流的其他人带来影响。换言之，只要会议开得到位，大家甚至可以远程控制看不见的其他人，如果会议没开好，那么即便会议结束，我们之后也会遇到严峻的问题。如此一来，PDCA当然也会受到影响。

开会前最重要的事情，就是自问“我应该做什么”。这也是PDCA循环里C的那一部分。

有人大概会想，这一点不言而喻，根本没必要特意点出来。但在现实情况里，临近开会前大家看到的都是自己还需要做什么，被尽早着手开始的冲动所驱使，只把关注点放在如何完成所有的工作之上。

为了避免这种情况发生，我们公司就规定开会之前事先想好会上应该做些什么，对新进公司的后辈，我们还要不厌其烦地把这个惯例教授给他们。

或许就是在这种惯例的影响下，前些天发生了一件值得开心的事情。虽然有自吹自擂的嫌疑，但我还是想把这件事当作范例介绍给大家。

在某个大型项目中，由于客户那边不断变更需求，于是施工方提出了把施工费上调3%的要求。大家或许觉得3%只是个小数，但要知道，原先定下的施工费可是100亿日元，上调后就足足多出了3亿日元。

站在咨询师的角度，我们要尽力满足客户的需求。这就意味着，在尽力满足客户需求的同时，还要尽力遏制施工费上涨，这就是我们“应该做的事情”。

最后的处理结果是，在担任该项目负责人的公司后辈的协调下，上涨费用被成功控制在1%左右（1亿日元）。

看到这里，大家可能会赞赏那位后辈，认为他很好地完成了自己应该做的事情。而实际上，这名后辈真正值得表扬的地方还不在这里。

客户内部意见不一，而我们又无法深入客户内部，因此才出现了需求不断变更，导致施工费必须上涨的情况。如果放任这种状态继续下去，那么今后可能还会不断出现新的需求变更，施工费还得再次上涨，这才是问题的根源所在。我们“应该做的事情”，就是推动客户内部调整多方意见，达成统一，而不是仅仅遏制施工方上涨费用的要求。这名后辈思考了自己无法接触到的客户内部可能会存在的意见，同时站在专业角度上考虑什么样的举措才能最终帮助到客户，要实现这个目的，眼下又应该做什么。他找客户方不同层级的员工开碰头会，重建了客户的决策机制，最终达成了预算涨幅控制在1%的共识。之后，项目的进展就变得十分顺利了。

如果他只是单纯把施工方追加费用的要求如实传达给客户，又或是只与施工方讨价还价，那么项目往后很可能还会再次停滞。

深入了解两方面，该做什么自然就有了答案

自问应该做什么，从中找出答案其实是一件非常困难的事情。上一章我讲了自己跳槽到寿险公司的一段经历，当时让我下定决心跳槽的，是一位令人尊敬的前辈对我说的这样一句话："了解了一件事情的两个方面，就必定能从中发现自己想要的答案。"

设计师与业主都为同一个房产服务，但两者的立场与目的截然不同，正是一件事情的两个方面。事实上，寿险公司的那段经历，对我如今的工作也起到了很大作用。

自己该做些什么呢？当你想找到答案的时候，你不可能一个个思考所有的可能性，在我看来，这样做也没有必要。建议大家先"了解两方面"。

如果你已经根据原本的目的与正确的背景条件区分开了两方面，那就没有必要再去考虑超出这两方面之外的其他事情。当你想找出答案时，你会想到方方面面，脑海里浮现出纷繁的设想，如果

你想一一验证自己的所有想法，最终往往会严重消耗心神。以房产策划与投资为例，你在有了利用空地建大楼的想法后，接下来就会想那片空地是商业街还是临近办公场所的地区。你原本思考的是应该盖一座什么样的大楼，而现在思考方向已经发生了变化，想到投资额度后，你的想法又会转向新的方向。如果正确区分开了“两方面”，你就不需要考虑上面这些前提条件，可以直接开始商讨流程，避免了思绪繁杂带来的分歧与混乱。

当然，我不知道大家所在的行业与岗位需要考虑的是哪两方面，不过从我的个人经验来讲，强烈建议大家明确且尽量严谨地定好用于辨别两方面的条件。如果区分得不彻底，大家就很难明白应该从哪里寻找正确答案。两方面之间的准确边界不会突如其来地出现，刚开始的时候可以先做大致的预估。

接下来，大家就要根据自己的预估，先把最核心的重点临时当作“应该做的事情”，对其展开详细探讨，把值得探讨的正确答案锁定在一到两个之间。当决策人数众多时，这个步骤不可或缺，使用得当就能避免之后发生“逆转”。因此，在决定该是哪两方面的时候，参与讨论的大多数人必须达成一致意见。要知道，划定的两方面一旦发生变动，核心的正确答案就无法锁定在原先圈的范围内，这是最糟糕的，它将带来完完全全的反效果。

引发事故的隐患切勿置之不理

一场会议总有众多参会者，即便我们自己没有犯错，其他人之间脾性不合，又或是心怀芥蒂，都会使沟通产生问题，由此可能导致PDCA停转。因为人与人之间的纠纷会不断扩展到其他隐形的对象身上，带来恶劣影响。

这种会上的“导火索”，必须尽量及早处理。

在我们曾经参加过的一场项目会议上，客户内部有两个部门意见相左，始终无法统一。好像是因为这两个部门过去发生过纠葛，产生的隔阂一直延续下来，在面临一个与过去毫无关联的新项目时，两边才依然互相敌视。

了解了两方的意见后，我干脆把事情揽到自己身上，对客户说：“这件事就交给我吧，我来做提案。”如果不这样做，这件事就始终得不到解决，所以，我希望客户让我来做个了结，客户那边应该也理解了我的动机，然而参会的其他同事却替我感到担心，希望我不要插手麻烦事。

但我不想就这么搁置可能引发事故的隐患。如果对眼前的局面置之不理，我们的PDCA就会受到负面影响。等真的出事了再想办法解决。把局面拉回正确的轨道是一件十分麻烦的事情。于是，我站在第三方的善意立场上，自己揽下了麻烦事，承诺会给出合适的解决方案。

大概所有人都觉得这种处理方式很麻烦，都希望置身事外，早点给出结论后继续往下走。但是，如此一来就必须得罪两方中的其中一方。身为咨询师，让别人觉得我们加入了对立双方中的任何一方都不合适。遇上这种情况，我的固定做法是不当场下定论，先保持中立，之后再给出自己的建议。

等到下一次开会时，我再通过恰当的说法给出类似“建议”的意见。我会说：“我仔细斟酌了上回大家提出的两种意见，思考了现在的重点是什么，我发现……我觉得应该这样。”

此时给出的答案，可能是对立的两种意见之一，也可能与自己原先提出的想法没什么出入。随便哪一种情况都好，重要的是，你要表现出自己是认真思考了对方的意见之后才给出了回答。要知道，对方绝不希望你在没有深思熟虑的情况下就否定了他们的想法。

此外，重新思考争执不下的那一点，就能站在前所未有的角度上整理大脑里的想法，有时还会想出好点子。这种情况实属难得，你自然得把自己的新想法提给客户。我就是因为重视这种可能性，才要求自己不要当场下定论。

思考过程中，我们要注意中和原本带刺的意见，或者是采取听起来温和的说法，把自己的意见再次传达给客户。如此一来，即便应该做的事情发生了变化，我们的意见也能剔除对方心里的疙瘩，消除危险的隐患。行动要迅速，也要我们多花时间深入其中，悄无声息地消除掉隐患，这才是有效的举措。

预备多条通往目标的“路线”

会议是通往目的的重要过程，因此通往PDCA里的P,即目标的道路需要契合会议好好准备，这是基础里的基础。

同时，准备会议的过程中，预先做好应对突发事件的心理准备也很重要。尤其是在提出什么建议的时候，想让其他人顺利接纳自己的建议不是一件简单的事情。与很多人协同工作的时候，你要事先告诉自己，工作进展不会照着自己的预想来，这就是适当的心理准备。

我认为，会议当前，你应该预备多条“路线”。

从制订方案的阶段开始，围绕方案展开的讨论就会在悲观与乐观之间循环往复。因此，“深入了解两方面”，在两方面中备下多条路线，你的心里才会更有把握。

这就像是带着一个人数众多的旅行团。团员们各自都有自己的想法、期待，而旅行目的地里潜藏着事故、突如其来的混乱等无法预料的种种情况。

种种因素错综复杂的情况下，想尽量满足团员，又想按照预定的计划把所有人送到目的地，大家就必须思考出多条路线。大脑里要有替代方案或迂回路线，真正实行的时候则先沿着最好的那一条路线推进。我的工作和导游相似，差异只在于一个是建筑行业，一个是旅游行业。

然而，我们的PDCA却和导游工作不同，它不是仅由一个人掌控的，同伴和公司也参与其中。大家或许认为，责任心越强的人，就越要独自包揽问题，思考解决方法，其实这是错误的想法。多条路线可以由多人共同思考规划，并且这种方式才是更好的方式。把真实境况告知给身边的其他人，请其他人一起出主意，这样想出的办法最终会得到隐藏在深处的对象的认可，成为PDCA运转的强大原动力。至于责任心，把它用在唤出更多潜力上即可。

以“别扭感管理”处理隐形危机

危机管理是个常见词，我觉得，危机就是无法看清的隐形对象。危机出现后再去管控已然太迟，但尚未成形时，我们也很难看出危机的存在。因此，大家要关注自己是否会出现“别扭”的感觉。在我看来，危机管理，其实就是“别扭感管理”。

在我同时推进多个项目时，很难具体深入到其中的单个项目中去，然而作为负责人，我又必须随时掌握各个项目的推进情况。我分身乏术，时间又有限，因此刚开始的时候不知道该如何把控，总是忧心忡忡。我想，但凡是管理层，应该都有过这样的经历。直到最后，我得出了一个结论：想解决这方面的烦恼，就要关注自己的“别扭感”。

前不久，一个员工去客户那边开碰头会，回来后喜笑颜开地对我说：“客户表扬我了！”

我下意识地回了句“很厉害嘛”，但同时心下又感到些许别扭。因为据我所知，客户一般不会像这样明明白白地赞扬我们。我就问那个员工，客户为什么会提出表扬，当时的情况是什么样的。

听着员工开心不已的话语，我的大脑同时开始思考起项目难度、整体计划与当下的实际状态，以及提出表扬的客户方负责人的性格，等等，探寻自己的别扭究竟从何而来。

客户那边的负责人其实很挑剔，应该不会明确地表扬别人。况且现在项目进度有延迟，对方应该正盼着我们给出提升进度的改进措施。受到表扬的那名员工为人认真老实，但年纪尚轻，缺乏体察他人真实想法的经验。我还注意到，这名员工看起来还没有和客户好好谈过进度滞后的事情。

我预想，客户方的负责人虽然对这名员工表示了认可，但心里应该还会感到焦躁，可能在某个时刻就会爆发。我决定自己亲自去拜访一下客户，消除潜在的隐患。

这里所说的别扭感，不是毫无科学依据的“直觉”。这是我的个人感受，难以为大家解释清楚，如果心里觉得不太对劲，我就会从“时间”以及“人”的角度出发分析自己的感觉源自哪里。

在这个例子里，“时间”就是计划出现延迟，“人”就是挑剔的负责人没有谈到延迟的问题，而我们自己的员工也没有注意到这个情况。因此，我就得出了问题依然存在，继续下去可能产生严重后果的分析结果。

听取员工汇报时，建议大家也要有这种过滤思绪，积累经验，这样应该就能尽量保障规模更大的PDCA安全运转。

无从下手之际，先从“已知范围”入手

隐形的对象，就是除了看得到的对象之外的其他一切，它可以接近无限大。新的工作、从未经历过的事情都会涉及隐形的对象。

此时，我们或许会不知该从何处着手做事，四顾茫然，这里建议大家先从“已知范围”入手。

大家不妨想象一下自己平时的工作风格，是不是手头事务做起来已经习以为常，却忽略了每天其实都会出现新的变化。工作的时候，对不了解的部分，要么自行设想，要么搁置不管，只把重心放在自己已知的那一部分上。

这种着眼于“已知范围”的工作方式，在“已知范围”非常狭窄的时候依然能够发挥作用，只是在应用的时候需要附加一些技巧。事实上，本书论述的多种方法都是附加技巧，是我从多种角度

阐述的内容。如果使用得当，大家就能以少量的知识储备撬动大规模的工作事务。

来说说基本的做法。首先，大家可以只关注自己已知的内容，试着把自己掌握的窍门（多小都行）用到眼前面临的问题上，本书提到的种种方法也都要思考进去。

然后，在此基础上模拟演练（①）。

预想最终会出现什么结果，周围的人会如何行动，从中找出些许线索。自此开始进入正题（②）。

接下来，把之后预计会出现的事情，包括自己希望出现的事情在内，全都写出来，当作PDCA里的“P”（③），然后试着做“单人推介”，说清楚自己旨在实现什么、举措的社会意义是什么。大家不要堆积详细的推进步骤，要从框架这个更为宏观的角度展开论述。不断重复训练，手里掌握的细微线索就会变成有力的武器。原因就在于，你避开了耗费大量时间反思自己为何没能料到预期成效的风险，你能在手头的“武器”与应该抵达的目标之间连好线，借此清楚地看到今后应该把“武器”用在哪个方向，尚嫌不足的资源是什么，应该如何解决。

走到这一步，接下来就只剩实践了。大家可利用“他人的力量”，请其他人帮自己完善尚未掌握的技术或窍门。

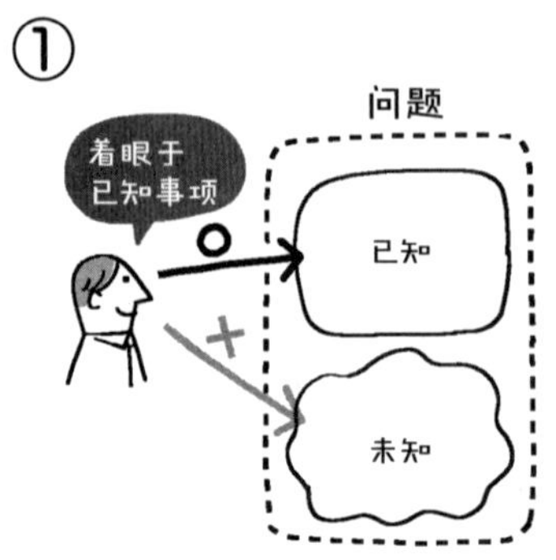

面对眼前的问题，着眼于已知事项

尝试用已掌握的窍门解决问题，线索就会显现

写出可预想的事情，把它当作 P，进行“单人推介”→手头的王牌（线索）会变成有力“武器”

活用“其他三个人的力量”，完善技术与窍门，加以验证。

图5 着眼于“已知范围”，推进工作进度的方法

第四章概述

√ 对方人数众多的方案讲解及会议上，重视防守，重视让对方说不出“no”的战略。
√ 时常思考“应该做什么”，正确划分“两方面”，高效巧妙地锁定正确答案。
√ 万事不会随你所想，事先多规划几条通往目的的路线。
√ 不知从何入手的工作，可先从“已知范围”开始做起。

高级篇

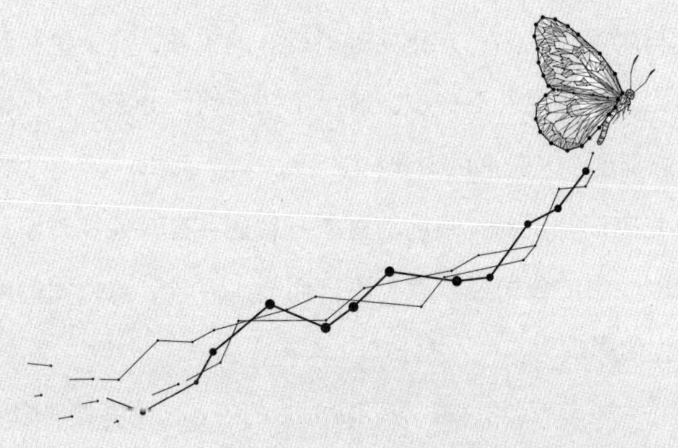

以地区、社会、世界为对象，升级工作能力

如何以地区、社会、世界为对象，实现跨越式成长

能够以自身的力量驱动PDCA后，再环视周围，你就会注意到从前看不到的对象。在职场，没有参加会议的“对象”，甚至是非“人”的其他事物，都掌握着关键所在，扮演着重要角色。

本章内容篇幅不长，是讲述如何面对最高级别的对方，即面对“终极boss”的高级篇。

当你与眼前可见的对方建立起了良好的关系，方案也得到对方认可，却始终无法进入下一步，或是不知为何，方案又被推翻时，你就会注意到这个“隐形的对象”。

你首先应该意识到，眼前的对象身后还存在其他“对象”，也就是再往上一层的公司经营者。不言而喻，经营者对公司的内部决策有着巨大的影响力。

不过，大概有人会觉得，第四章为止的内容已足够处理隐形的对象这个问题，这种想法并非毫无道理，因为隐形的对象也是“人”。

但是，隐形的对象背后还有另一类，或者说是段位更高的一个级别，那就是经营者每天都要面对的“对象”。换言之，对经营者来说，他们的客户，又包括顾客，大型的消费者群体，地区、社会，以及更进一步的整个世界。

大家觉得这些对象不好应付是可以理解的，毕竟它们甚至都不在人的范畴内。

然而，如果大家想获得更大的成长，抵达最终的目标，就必须

了解这些隐形的对象，掌握应对方法。

把隐形的对象也思考在内之后，PDCA的运转会达到前所未有的速度。从中获取的经验值以及成就感，会让身在职场中的我们明确领悟到自己“为什么要工作”，这是非常难能可贵的体验。我们现在就站在通往这个层次的最终阶段上。

描绘“隐形对象的关系”

对眼前的人提出什么建议，就能得到对方给出的回应。接下来，你就可以观察、判断对方的反应，完善方案内容，修补既有的提案，努力获取对方的认可。

然而，无法直接看到对方的时候，你没有办法与对方直接交谈，会有束手无措的感觉。我们首先必须做的，就是描绘这些隐形对象的关系。

先用一张图来表示前文提到的“上司”“经营者”“客户公司的客户”“普通消费者”“地区、社会、世界”之间的关系。

我们所处的位置无法看到上司及其背后具有重大影响力的人物，自然几乎没有能够直接与他们接触的机会。

那么，我们就要利用此前掌握的种种技巧，试着去想象他们会有什么样的想法。拥有巨大影响力的人，不会仅仅着眼于我们正在推进的项目里运转的PDCA。他们每天都在思考公司的经营战略、

隐形对象其三
地区
社会
世界
隐形对象其二
客户公司的客户
普通消费者
巨大的影响力
感应到隐形的对象，进一步有意识地关注隐形的对象，就能驱动更大的PDCA循环。
隐形对象其一
经营管理层
对方的上司
隐形的对象是无法直接与之对话的对象
首先应该描画隐形对象的轮廓
对方
自己

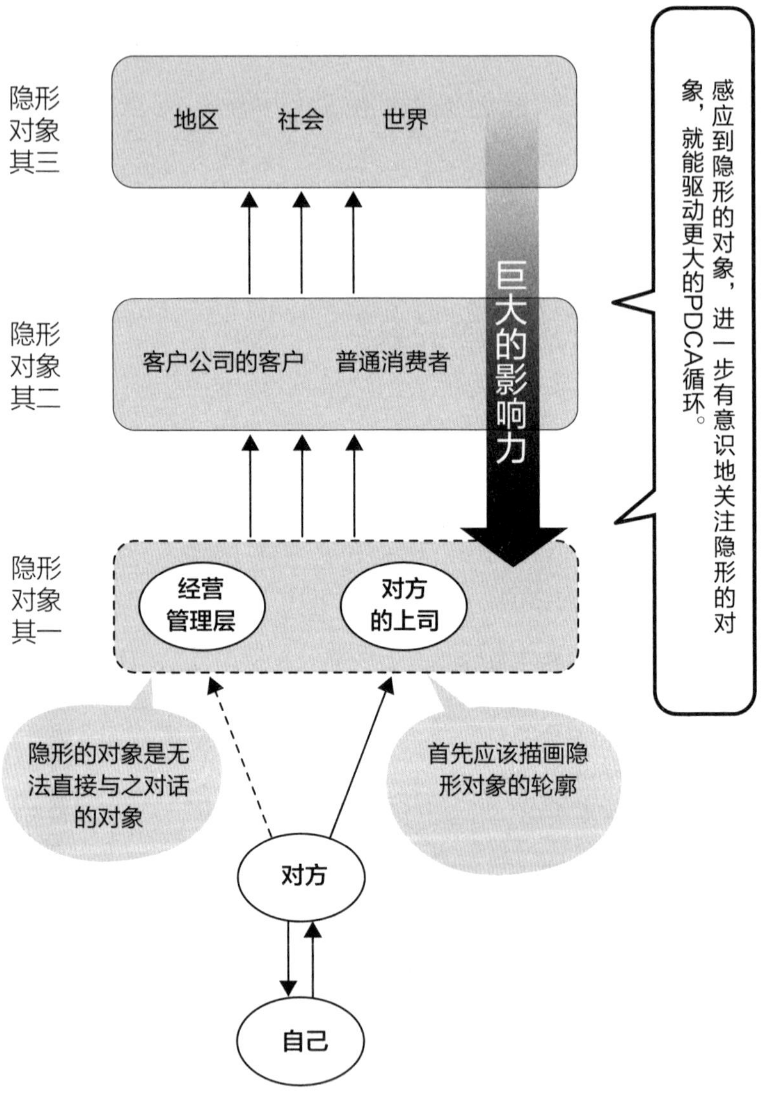

图6 “隐形对象”的关系图

企业理念，以及公司存在的意义，想着如何在这些方面做出贡献，这才是他们做决策时参照的要点。

本书前面提到过，我在为一家公司做新建总部大楼的咨询时，对方公司的经营者希望“修一座神社”，这就是实例。

这件事情并不是在项目例会上直接与对方公司的经营者商讨出来的，我们一开始也没有见过对方。

项目进行到中途，客户方的对接人告诉我们，他们的老板要求修神社，这个要求让我措手不及。我不知道对方的真实意图是什么，但这件事已经在会上郑重其事地提出来，就不能把它当作玩笑一带而过，我感到阵脚大乱。

然而，想到经营者的需求是让公司作为一家实力雄厚的企业，肩负起地区经济发展的重任，为社会做贡献之后，我的思绪也大大开阔起来。经营者看到的不只是项目本身，他思考更多的是如何让这项工程为地区社会做贡献。世界上恐怕还有不少如此高瞻远瞩的人，但经验尚浅的我却没有看到这一层。

在运转自己的PDCA的同时，我们也可以像经营者那样思考做事，尽管这可能不是职责范围内该做的。但如此一来，我们可以收获更大的成长进步。只需改变自己看待问题的角度，我们就能更加热血沸腾地投入工作当中，获得和经营者一样的思想高度。

这是一种瞬间豁然开朗的感觉。

了解“隐形对象”背后“隐藏得更深的对象”

我们如今正为了推动工作进度而运转PDCA。在PDCA里，意识到“隐形对象”背后“隐藏得更深的对象”，工作内容会更有深度，更大的PDCA就会开始转动。

“隐形对象”，即客户公司的经营者，他们注意到的，对于我们来说就是“隐藏得更深的对象”。那是与我们没有直接关系的客户方的客户，还有让客户公司成为盈利企业的社会。

就我们的工作内容来说，项目就是思考用多长时间、多少成本盖一个什么样的建筑，按照什么样的流程促成工程如期竣工，这些都明明白白地浮现在表面上。说穿了，只要建筑没出错，把它交给客户，我们的工作就结束了。

然而提出建筑需求的客户却不是这样。建筑竣工之后，客户自己的项目才真正开启。他们需要思考有了建筑之后，要如何让它发挥价值，收获客户的喜爱，激发地区活力，以及为社会做贡献。

也就是说，至少在位于公司核心层的人眼里，他们不可能优先顾及我们正在推进的工作内容，也不能把我们的工作放在首位。

大家都有各自的专业领域知识，都在各自的领域里展开工作，没道理替客户去经营他们的公司。因此，认为切实履行眼前的工作职责，不需要想那么远也没有错。不过，项目规模比较小时，这样想还不会出现什么问题，但当你获得越来越多的成长进步，参与的工作越来越大型化时，你就一定会受到“隐形对象”的影响。

因为我们自己也是消费者，也是构成地区及社会的成员之一。

当我们置身项目之中时，可能没有太大感觉，但当我们抽离在项目之外，以普通消费者的眼光看待客户企业时，就会对替用户着想及造福社会的企业怀抱好感与敬意，成为企业品牌的忠实用户。这就是说，当我们和客户一样意识到“隐藏得更深的对象”，并把这种意识带到项目中以后，我们就能起到很好的辅助作用。

抓住终端用户想法的两条途径

首先来谈谈抓住终端用户想法的方法。

方法大致可分为两种。一是把自己放到终端用户的立场上，引入自己的个人想法。二是摒弃自己的一切个人想法，总结出更加宏观的想法。

先借用例子了解一下引入个人想法的方法。

假设你是一个频繁搭乘飞机的人，那你应该能想到自己需要什么样的座位、照明环境，等等，以使长途飞行更加舒适。你的大脑里会浮现出种种想法，想着怎么样可以在飞机上继续工作，想放松的时候要用什么样的设备，享受什么样的服务等。

像这样，在自己参与的项目里，把自己放到用户的位置上思考，就能从自己的想法里找到切入点，提出解决方案。

如果需要更加详细的信息，你还可以倾听周围用户的声音，这样已经足够把方案补充完善了。

高级篇

然而另一方面，远离自己置身的环境与经历，站在用户的角度思考问题本身就是一件困难的事情。举个例子，我曾经负责一项高中校舍的改建项目，仅凭想象，我实在难以了解现在的高中生对学校建筑有什么样的期待。

想顺利解决这个问题，首先就要把自己放在身边某个人的位置上。第二章提到了听取其他三个人意见的方法，大家可以在大脑里虚构出三个性格各异的角色，这样就能探寻到此前完全没有想象过的用户会有的想法，然后再以此为基础，构建出提案、计划书的骨架。

高中校舍改建项目真正启动时，在我自己想象的基础之外，我还创造机会倾听了多方意见，在吸收各方意见的同时推动项目进展。这段经历让我获益良多，得知现在的高中生“想为将来的新人留下一个美丽的校园”，我更感到心潮澎湃。

制作提案时，立足于对方公司的社会意义

经营者代表的“隐形对象”，一般都有着强大的决策权。因为手持决策权，他们每天都要思索他们的“隐形对象”。

如我们看到的一般，终端用户、普通消费者、地区、社会都是十分抽象的概念，大多数时候，从前的思维并不适用。

有时，为驱动PDCA运转，我们必须正面应对这些“隐形对

象”，想出能够直击对方的提案。

此时，思考客户公司的社会意义就是重点所在。不同公司经营的产品和服务各有不同，但可以确信的是，任何一家公司都希望利用自身优势，实现公司的社会价值。大家要牢牢记住这一点，把它当作判断标准。

大家无须因自己不是经营者，无法一下子理解社会意义而感到烦恼。大多数企业都会在官网、企业简介里，透过“经营者寄语”“企业理念”“企业使命”等栏目，介绍公司何时成立、价值导向为何、今后要用什么样的观念及方法为社会做贡献等等。

这些内容当然要拿来参考，因为你可以明确得知对方公司的重点在哪里，绝对不会出错。并且，这样一来对方公司里的任何人都不好否定你提出的东西，你的想法将更容易得到支持。

这就是说，我们的提案可以以那些内容为准则，沿着社会意义的思路，拓宽企业发展的可能性，可以把重点放在用自己的语言讲述基于那些内容，我们可以为企业的未来做出什么样的贡献。我们如何利用专业知识帮助企业实现其社会价值——这就是初次提案应该解决的问题。

没有这一步，哪怕你给的方案、价格再怎么诱人，“隐形对象”也不会为之动心。“隐形对象”是一群每天都在工作中思考“社会意义”的人，如果你的见解不涉及这方面，他们很快就会发现这一点。

对方会仔细探究你冥思苦想后得出的成果，这是毋庸置疑的。只有“隐形对象”认为你确实认真思索过，他（她）才会赞同你提出的具体内容。

讲述从企业理念中思考得出的概念，还有另一个重要的隐含意义，那就是在解决项目实际启动后出现的种种问题时，双方彼此之间可以就最终需要返修的情况，先把始终不可更改的要点达成一致。因此，即便出现了什么事故，你也绝不会陷入泥淖。

提到项目的“社会意义”，大家往往会联想到十分抽象的概念上去，可能还不会觉察出这样想有什么问题。但是要注意，我们不需要讲述自己认为的正确道理，只要总结好对方思考的社会意义，站在对方的立场上贴近他们需求的社会意义即可。

如何制作“隐形对象”认可的计划书

能够击中“隐形对象”内心的有效计划书自有其制作方法。

首先要注意的是，计划书送到“隐形对象”手上时，你自己是不在场的，计划书会经由某个人（多为该公司的项目负责人）转交给“隐形对象”，因此你没有直接解释、辩解的机会。

你需要留意的重点可概括为以下三点。

1. 语言要简洁

制作计划书的人不在现场时，叙述简洁的计划书更能发挥效用。

不要寄希望于你托付的方案解说人员。希望对方能记住你想要传达的所有内容，一字一句都不出错，并且还能如你所想的那样把方案解释清楚，这简直就是异想天开。

尤其是在我们从事的建筑行业，各种规格、数字以及技术点非常多，依据我的经验来看，就算解释得再细致，对方听进去的大概也只有原先的三成。因此，不在篇幅上过多纠缠，简单总结叙述，让解释方案的人理解方案内容才是真正重要的。

2. 主要意见要一目了然

计划书做得过于细致，反而容易忽略这一点。可能你的内容准确无误，细读起来能看出确实下了很大功夫，并且还切中要害，但你最想凸显的是什么却模糊不清，最终对方就无法理解你究竟想传达什么。

请大家在最开始的地方，用没有专业知识储备的人一眼就能看懂的篇幅，明确标示出计划书里最重要的要点，说明己方独有的价值在哪里。

3. 想象方案要接受众多人的审视

“隐形对象”既然是看不到的，大家就无法事先预知对方是什么样的人。在计划书的制作阶段，大家只能自行想象对方公司的负责人、经营者会是什么样的，然后拟定计划书。

然而我不建议大家想象这些特定的具体人物。

计划书送进对方公司以后，我们就无法掌控它的流向，也不知道它会被哪些人看到。脱离了我们视线的资料，越是被很多人看到，针对资料的挑剔意见就会越多。如果只把特定的对象当作攻略对象，我们的想法反而会受阻，不痛不痒的小过错可能会不断累积，以致方案整体受到质疑。

大型企业里常见派系斗争和升职竞争，尽管大家或许并不乐见。但我们与这些斗争没有直接关系，所以，大家要基于客观数据制作计划书，让任何人看了都觉得公平公正。

意识到隐藏更深的“终极boss”，你就有机会跳出死局

基于企业理念与社会意义思考问题，我们的意识必定就会扩展到隐藏更深的对象身上。

我们的工作是为了客户，但实际上不仅仅是为了客户。眼下看

得到的工作还有一层深层含义，那就是不知身在何处，尚且全然不知这项工作的普通人，在我们完成工作后，可能就会与我们参与修建的建筑相遇。这样的想法始终盘旋在我的脑海里。

从这一点来看，我们的工作或许是一项能够带给人很大成就感的事业。因为我们参与其中的建筑会长久留存在那里，供各种人使用，给人们带来回忆，同时又持续为社会做贡献，创造出新的价值。心里有这样的想法，你任何时候都会有想去看看它的冲动。

大规模的建筑项目里，各方的成员会朝着“打造杰出建筑”的同一目标协同合作，做好自己该做的事情。每个人都在努力，这是不变的，但有些时候，因各自的立场不同，彼此之间会发生利益冲突，需要协调中和。即便是在同一家公司，如果部门不同，各自的角色不同，同样也会发生意见冲突。

即便所有人的最终目标是一致的，通往该目标的PDCA还是会出现各种各样的问题，有时甚至还会停止运转。

遇到这种情况，让我们继续奋发向上的，其实就是“隐藏得更深的对象”之中的地区、社会、世界，以及让我们思考自己能为这些对象做些什么的使命感。

微小的事故、愚蠢的过失、不幸的事件，工作中难免都会遇到。每当此时，PDCA就会停转，我们也只能暂时停下进度。

但是，在这种时候，只要我们能够意识到“隐藏得更深的对象”的存在，并重视这些“隐藏得更深的对象”，我们就会发现，这份重视反过来会将我们拯救出来。

归根结底，让PDCA停转的是我们自己。如果只是抱怨其他人不理解自己，你就不会得到任何成长，只能不断地消磨自己。停留在这样的情绪里，本该运转的PDCA也会停止转动。

此时，终极boss——隐藏得更深的对象——会向我们伸出援手。它们会告诉我们，自己的工作需要完成什么样的使命，能够为社会、世界带来什么样的贡献，促使我们想起继续努力下去的精神支撑以及被赋予的机会。

有机会与各行各业的人协同工作的我得到的宝贵经历之一，就是思及“隐藏得更深的对象”，会让人有参与进各种领域、行业、企业的真实感受。彼此接触过程中，我们时而协同，时而互相激励，明白了“隐藏得更深的对象”到底有多么重要。

工作中如果怀着这样的感受，那么即便不去管经验值，它也会自动累积起来。大家还能更加积极主动地参与到工作中，让自己的工作更具挑战性，推动社会进步。

我们公司就是这样，由于工作性质是建筑咨询，面对不少事情，我们都不知道该如何着手。为此，项目里的每一个成员都在工作过程中有意识地带入隐形对象。

同样是修建总部大楼的任务，行业领域不同，客户的想法就会不同，客户的目标，以及达成目标所需的专业知识也不同。我们都是项目经验丰富、有一定知识储备的专家，但即便如此，依然还是会涉足自己未知的领域。因为我们不是单纯的技术团队，我们还要担当起“建筑顾问”的角色，以建筑为核心，为客户的业务活动提供支持。

因此，我们常常会遇到很大的障碍，不过我们会把项目任务、概念、工作流程、尚未解决的问题、必备的技巧等公示出来，共享给全公司的员工。

于是，公司内部自然就形成了这样一种体制：不管谁遇到问题的时候，其他员工都会帮忙想办法。这样的交流使得新颖的想法不再仅仅停留在个人的大脑里，而是汇聚到一起，成为大家共有的财富。

这种现象之所以自然出现，就是因为每个人心里都有“隐藏得更深的对象”的一席之地。终极boss不仅赋予了个人，同时还赋予了团队宝贵的经验值。

第五章概述

√ 抓住并思索眼前对象背后的“隐形对象”，PDCA 就会在任何时候保持强有力的运转。
√ 想抓住经营者等隐形对象的心，就要思考该公司的客户——地区、社会，亦即终端用户。
√ 地区、社会、世界，这些隐藏更深的终极 boss，将促使你与团队思考应该怀揣的使命为何，奋发向上，驱动难以开启的 PDCA 开始运转。
√ 击中“隐形对象”内心的提案，关键点在于简洁的叙述，简单易懂以及基于数据，有理有据。

第六章

特级篇

在没有“正确答案”的工作中产出成果的特级技巧

专业人士就要身怀持续产出解决方案的绝技

至此，大家已经有了征服“终极boss”的实力，本书写到这里其实就可以结束了。

基于此，最后这一章属于“特级篇”，我会根据自己的经验，选出一些能够推动PDCA快速运转，不断从中获取经验值的技巧与方法。

所以，大家不需要认同本章的所有内容。我会援引实际案例展开讲解，如果大家觉得哪些地方可以借鉴，对哪些地方有兴趣，就可以实践那部分内容。

掌握了第五章为止的技术与思维后，你应该已经得到了周围人的极大信任，成了别人眼里的优秀人才。

但是，工作水平是有上限的，也不知这究竟是好事还是坏事。在你暗中自信满满，觉得自己能够闯过任何难关的那一刻，难度更高的工作就会迎头砸来。

我自己就是这样，先从建筑师转到需要思考如何活用建筑的岗位上，然后又跳槽进入现在的公司，成了建筑咨询师，肩负起“建筑顾问”的角色。随着岗位的变化，工作的难度也不断加大。如今的我还要参与经营方向的商讨，这又超出了建筑咨询师所能想象的范畴。

我已经说过，建造建筑的行为既然攸关企业的经营活动，就要跳出建筑项目这个单一的框架，思及客户方的商业需求。在我还是建筑师的时候，这些都是无法想象的事情。

高水平的项目需求都有一个共通点，就是需要你做到只有自己才能做到的事情，给出只有自己才能给出的解决方案。

请我们来做项目的人，会评估我们的价值，提出对于我们来说无法轻松达到的较高标准。有时，客户来找我不是因为相信我可以达到他们的要求，而是因为找不到合适的人选，抱着试试看的想法把项目交托给我的，让我不知是否该受宠若惊。

其实，我建立的PDCA是否能够顺利运转，只有在真正开启了之后才能知道，有时我也只能凭着一股信念挣扎前行。

客户有时自己也不知道正确答案在哪里，茫然无措，等到项目落地成形后，才认可我给出的答案，认为那就是他们想要的效果。

在这种情况下，既然客户对身为专业人士的我有所期待，那么我要做的就不只是完成项目，更要给出自己独有的解决方案。

“情况就是这么个情况，你能做好的吧？”

“我想要的是打破常规，希望你能给出全新独特的创意。”

客户找我商量的时候，往往都会提出这样的需求。他们不想要千篇一律的想法，即便给出的方案还算不错，对方也会觉得中规中矩，甚至觉得不符合他们自己的预期。在这一刻，客户的期待值又会再度提升一个层次。

不过，这或许就是职场里真正的自由状态。没有人约束你该如何做，结果出来之前，也没有人过来埋怨你。但是你必须从头开始就决定自己要怎么做。

我将引用具体的实例，讲述当必须在没有指南，不知道何为正确答案的情况下前行时，自己会使用什么样的武器。

以“两大能力”描述设想

不知道正确答案时，我会最先使用这个“武器”。它就是“两大能力”。

我平时经常对团队里的成员说：“大家必须具备两大能力。”别人或许都听得左耳进右耳出了，我却还是很喜欢说这句话。

第一大能力是“想象力”。

解读对方的反应、言行举止、情绪，在大脑里描绘就对方而言更好的目标，这就是我所说的“想象力”。思考每日工作的方方面面，把自己放到对方的立场上考虑问题，不受既定框架的束缚，眼光再放长远一些，经过这样的训练，任何人都能掌握商业世界里不可或缺的能力，即想象力。

想象力归根结底还是在自己大脑里发挥作用的能力。即便有人罕见地拥有超出常人的想象力，职场里也并不需要这种程度的想象力，并且，如果不能让想象力显现出来，得到其他人的理解，这种想象力最终也是白白浪费。

使想象力显现并得以具象化的，就是另一大必备能力——创造力。

创造力或许是人的天赋能力，但我们的目的不是当作家或设计师，表达能力的好坏不会成为对方的关注点，我们也没有必要靠自己的动手能力表达一切。

这是一个数字技术普及全球的时代，人们开发出各种各样的工具，即便我们自己画不出好看的图，也能从网上丰富的图片影像资源中找到最接近自己想法的绘图，何况还有一些工具也可以帮助我们画出好看的图。这些能用技术替代的已经不再仰赖于人的创造力了。只要有希望把有需要的东西传达给对方的强烈愿望，我们就能获得工作里用到的“创造力”。

任何人的心里都有这两大能力，只要多加训练，大家都能迸发出灵感，并使之实现。

准备素材，编织扣人心弦的设想情节

在我看来，参与没有“正确答案”的项目时，最重要的就是贯穿PDCA全程的“设想”。

大家可以把“设想”想象成电影剧本一类的东西。如何自然而然地走向自己瞄准的事物与项目目标呢？其中的路径就是“设想”。大家要组合联系起多种要素，有时还要加上戏剧性的故事，让周围人都能接受自己的想法并提供“目的的依据”。

为什么需要这样的“设想”呢？因为一切事物的正确答案不止一个。自己认为的正确答案不一定会得到其他所有人的理解与支持。如果团队里的成员都朝着各自理解的正确答案前行，又或是勉勉强强地朝着唯一一个正确答案前行，项目最终就结不出好的成果。

因此，让其他人接受自己的“目的”，齐心协力推动项目进展的“设想”就显得尤为必要。设想描画出的是一条贯穿始终的路线，其中还包含了你的想法，大家都会接纳这个设想，打起精神应对眼前的困难，即便彼此之间多多少少还存在一些想法上的差异。

编织设想需要素材。大家通过本书讲述的多种成长方法获取的经验，就是自己手中的剧本素材。

但是，素材只有经过加工才能使用。

首先，你需要把平日收集到的素材，即过往的经验分解为几个特征明显的要素。因为在困难的工作面前，一份经验几乎不能直接照搬照用。分解经验能扩充经验的应用范畴。我在分解的时候，经常会用到“工作特征”“成员的性格与能力”“计划表”“成本”

四个要素，大家也可以像我这样拆分。

除此之外，大家也可以采用5W1H的划分方法。

接下来就要从分解过后的经验当中，选取一些能够运用在“设想”里，使眼前的工作继续推进的要素（我把它叫作“精髓”）。这一阶段收集到的“精髓”，不会全部用到之后的设想里，所以预先选出自己觉得有可能会用到的所有要素十分重要。

像这样收集起来的“精髓”，很多时候都能用到方方面面的“设想”中去。对我来说，这些都是众多经验中效用更胜一筹的重点，确实担得起“精髓”之称。

设想包括“梗概”与“细节”

作为素材之用的“精髓”抽取完毕后，接下来就要思考如何编织设想了。设想就像电影剧本一样，成品质量会成为对方的关注点。

设想大致分为两类。

一类就像情节波澜壮阔的电影剧本，具备宏大的全局观，需要在规模庞大的工作格局里长期推行。另一类更加日常化，注重细节感，从某一时刻到一天或几周内该用什么样的思维做事，把一切都讲解得清清楚楚。

不变的一点在于，设想是讲述应采取什么样的思维为客户服务的重要产物。

举例来说，客户常常要求我参与他们重要的商讨会，如果看不到设想，我就不清楚自己该如何表现。这种场合下临时可见的设想，是根据会议气氛刻画出来的微小想法，我就在这个微小想法的范畴内附和客户的意见。

而在大型项目里，施工费用上涨导致需要商讨成本时，如果没刻画出工程完工时整体上涨额度要控制在什么水平，目前及未来预计的成本增长情况，我们就无法决定在与施工方协商时，究竟是态度强硬地尽量打回他们的要求，还是是非分明，该怎么办就怎么办。这时，我们就要编织出工程完工之前的长期大型设想。

运用在没有正确答案的工作里的“设想”，往往会令人联想到特殊的工作内容，其实编织设想的想法，不仅适用于大型项目，同样还适用于这种日常化的工作内容，是一种便利的行事手段。

接下来，我带大家一起看看具体实例。

设想成形靠论点与要素的“组合”

在大型项目里，设想的优劣甚至可以决定最终的成败。确切来说，如果没有牢靠的设想，越大型的项目，就越容易中途崩溃。

编织丰富设想的要点就是“组合”。

我现在正在参与一个运动场馆项目，具体内容不便详述，只能说一下大致情况。这个项目最初的想法是建造供顶级运动员使用的训练场地。

这份工作必须勾画出一个超越项目框架的更大设想，控制运营成本，把更多预算投入到顶级运动员的能力强化方面上。我们勾画出的设想，就是不单建造一个训练场地，更要构建都市运动场的魅力，给社会传递新的价值，使这片场地成为包含体育迷和当地居民在内，受到更多人欢迎的地方，我们想召集共事的伙伴，一起解决成本问题。

第142页的图7-1选取了这个项目里应该思考的部分“切入点与优劣势”，如图所示，我们在社会→地区→客户→本公司→个人之间来回检验。这五个切入点还可以应用在其他案例里，大家可以先把它们记住。

第143页的图7-2是我从过往的经历里选取的有助于该项目的要素，即“精髓”。

我把图7-1与图7-2中的要素组合起来，勾勒出一个很大的设想，在此简单介绍其中两个微型设想。两者都沿用了如图所示的逻辑，力图推动该地块的建筑设施及客户做出其独有的社会贡献，同时抑制成本过高的问题。

- 结合客户的需求，向了解如何让孩子爱上运动的经验团队请教，得出更好的建筑方案。
- 向全国的孩子开放，为孩子和父母带来乐趣！
- 把客户的需求与大学学到的知识组合起来，让人们眼中的运动从奋斗变成科学！
- 不仅供运动员训练使用，还要面向老年人开放，打造应

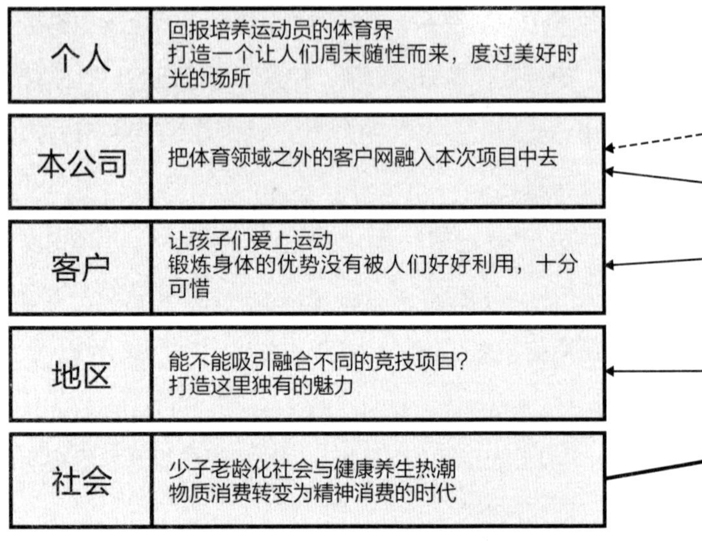

图7-1 为某个运动场馆项目做的笔记

对老龄社会的解决方案！

这些设想帮助我们构建项目参与方之间的互惠共赢关系。通过协作，各方都能获得良好机遇，客户可以摆脱地块商业价值不足的问题，创造出超出地块本身优势的吸引力。

有了这样的设想后，我们就可以与对我们的设想感兴趣的合作伙伴探讨具体的实施方案了。

这个案例的重点在于根据第五章为止讲述的众多思考角度以及从中获取的经验，提取出把握问题的“精髓”，把“精髓”组合起来，构建自己的设想。

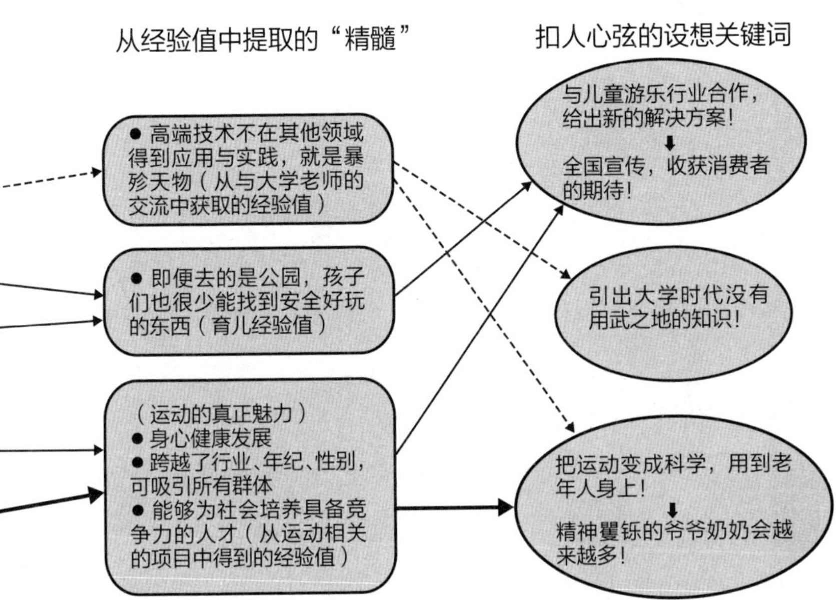

图7-2 对项目有帮助的“精髓”

通过“组合”为设想注入新鲜感

在上文提到的项目里，我以“打造新鲜魅力”为愿景，与客户、成员认真畅快地谈过无数次，从中提取好的想法。大家按照本书提到的方法一步步施行，就能走到这一步。

但是，在这个过程中，“新鲜”一词给了我巨大的压力。“新鲜”这个词随处可见，而当这个词向我迎头袭来的时候，它就成了一个让我感受到巨大压力的恐怖用词。如果有谁要求我想出全然新鲜的点子，我想我会立马放弃，因为我觉得，新鲜的东西来得没有那么简单。

那么，我在这里所说的“新鲜”指的又是什么呢?

过去从事建筑设计工作的时候，我就有一个想法，觉得这个世上并不存在“完全新鲜的事物”。这个想法证明我自己并非天才，厌恶麻烦的我认为努力追求纯粹的新鲜是一种徒劳无益的举动。在我看来，天才就是那些能够从无中创造出有的人，而这样的人屈指可数。

建筑不存在完全相同的设计。使用的建材都是固定的，逃不开玻璃、石头、木头，又或是水泥的范畴。设计要素通常都体现在玻璃材质的开口处与墙面上。然而，只要窗户形状或建材的组合与常见的样式稍有不同，不只是建筑设计师，就连外行人也会觉得自己看到的是“全新的设计”，并为此感到高兴。

基于这样的经历，我认为世俗意义上的“新鲜”，确切来说是人们“认为的新鲜”，就是“组合”与“诠释”上的变化。

实际上，先前提到的项目案例里，每一个要素也都不是新鲜的东西。但是仔细斟酌提取，并把它们巧妙地结合在一起，就会催生出振奋人心、独一无二的全新产物。

如果你的工作没有“正确答案”，客户只要求你给出独有的新鲜成果，你就可以从“组合”中发散出新的“设想”，把自己的方案传达给客户。

设想中注入“自身元素”，体现独到之处

在前面提到的例子里，我通过巧妙组合自己过往积累的经验，从而勾勒出设想，为项目注入了十足的魅力。但是，就像我的这份工作一样，那些没有答案指引的工作不可能一直采用常见的方法，大家总会碰到一些障碍。

此时，为保持PDCA运转，使人员继续自发地投入到工作中去，大家就要加入一些切入点，这些切入点要让你自己觉得“有这个就好办了”“我想实现这一点”。第142页图7-1左上角的要素即是如此。

工作越难，就越需要加入这五个切入点。

“我想在工作中做到什么？”

“我在工作中应该做什么？”

这是我在把工作当成自己的事情加以思考时，经常会问自己的“魔性问题”。这两个问题还可以抛给团队里的其他成员，恰当地转变说法及用法之后，还可以拿来问客户。

我们是在工作，不是在玩乐，自然该给客户提供价值。然而，工作水平越高，正确答案越难求。我们很容易把工作和自己的人生切割开，认为工作只是单一的工作，如此一来就很难想出任何东西。

在这种情况下，大家更应该加入自己的想法，把工作当作自己的事情去做。这是让自己与其他人拉开差距的原动力，也是促使自己享受工作乐趣的契机。

每天请示客户与项目负责人的意见，随着他们的反馈情绪起伏，这才是压力最大的工作方式。当然，经验尚浅时还是需要别人提出建议，也会在意别人对自己的评价。无论经验丰富与否，身为公司员工，我们必然会受到他人对我们工作能力的评价。

但是，如果活在他人的标准里，我们就会受到他人的摆布，最终无法按自己想法行事。这样工作起来就不会开心，工作热情也不会持久。当然，我也很在意、重视客户的评价，但如果因此把自己的想法置之度外来对待工作，我相信自己的创造力会很快消亡。

前面提到的例子里，我填入了“把本次项目打造成体育产业的成功范例，回报培养运动员的体育界”“闲暇的周末，全家或独自随性前来，度过美好时光的场所”。这几项看起来似乎有些自以为是，好像是把工作当成了自己的私事。但要知道，如果你想影响普通用户，就得影响到与之毫无关联的其他人。所以，我把自己当成了毫无关联的群体中的一员，加入了能够吸引自己的想法。这种举措会驱使我行动起来。如此一来，即便面临的是工作，我还是能让自己倾注大量热情。

工作会占用我们人生中大量的宝贵时间。是只把工作当成工作，还是把它当成自己人生的一部分，倾注热情，开开心心地做事，这决定了人生的质量如何。热情会让自己的设想有别于其他人，体现出新意，它与工作是相辅相成的。

构思项目前景时，越认真的人就越想努力得出一个完美无瑕的设想。这本身是一件好事，但如果认真过了头，得出的设想就会缺乏调整余地，变得无趣，不好改动。

面临没有正确答案，无法保证事情一定会朝着自己的预期发展的工作时，构思出的设想就更要留出大量的调整余地。换句话说，设想应可发散出两三条其他路径，这样成功概率会更高。

那么，大家应该如何构思出有足够调整余地的设想呢？这里需要运用极端思维。从稍显离奇、剑走偏锋的设想与常规传统、还算巧妙的设想中选定一个中间位置，从中挑选、斟酌。

更具实用性的方法是，先从低水平的层次开始，在工作推进过程中渐渐提升设想的高度。

你的“准备”+对方的“调整”，决定设想成败

如果明天有一个重要会议，前一天应该就要做些准备，哪怕没有太多时间。职场里的“准备”虽然麻烦，但一旦懈怠就会招致严重的后果。

本书讲述的内容，其实大多都是做有效准备的方法。

从小学到高中，我一直热衷于参加剑道、棒球等各种体育活动。体育比赛里，如果准备不充分，你很快就会输掉比赛，因此尤其需要认真准备。这样的经历根植在我的心里，直到现在，我依然认为准备工作非常重要。

最近，我又注意到一个与“准备”意思相近的词，叫作“调整”。

这是运动员很爱用的一个词，简单来说，就是调整自己的身体及精神状况，让自己的能力得到最大程度的发挥。

归根结底，准备工作是为自己及自己的团队而做的，而在会议场景下，你要面对的是自己及自身团队之外的客户。为客户“做准备”的说法有些不太恰当。

但不可否认的是，为使对方理解你的发言与建议，你就必须事先做好准备。大家主动整理好对方的相关信息，才能让对方正确理解并判断自己发出的信息。我把这种举措叫作商务场合里的“调整”。

在商务场合，对方与我们之间必定存在信息差。以我们这方来说，我们都是建筑方面的专家，对方则不懂建筑。我们提方案，对方则接受方案。提方案的一方在此过程中，应该深入思考当前面临的问题以及期待实现的价值，再把自己的思考转化成简单易懂的方案，以对方能够听懂自己想表达的内容为第一要义。

万一忽视了这个过程，那么越为客户考虑，想得比客户越深，双方的信息基础就差得越多，反而无法把自己的想法精准地传达给客户。在这种情况下，我们提出的方案再怎么出色都不会得到客户的理解。此时就要通过“调整”来改变当下的状态。

调整手段用在正式给出提案前是最好的，但受客观条件所限，我们往往做不到这一点。

在一局定成败的方案讲解会上，我也必定会在介绍自己的方案时随时调整。我会观察对方理解到了哪个程度，在讲解过程中不断帮助他们进一步加深理解。这是让自己的方案脱颖而出的重点。

螺旋上升型PDCA不易出错

在我的记忆里，自己的工作好像没出过什么明显错误，因为我驱动的PDCA采用了不易出错的结构。

一般来说，PDCA是在订立计划之后开始实行，然后再进入评价、改善阶段的。如此一来只要订一次计划，大家就会得到最终的结果与评价。取得成功之前，PDCA往往会循环好几次，因此就会积累起数次失败。

我在订立计划的时候，都会预先设想出未来可能发生的几种情况，在实际行动过程中，也会不断做微调，保证一切都在自己预期范围之内，当事态发展偏离预期时，我会调整自己的设想与路线，保持PDCA运转。因此，基于某个设想延展开来的路线，必定会通往某个目的。这样一来，我就没有关于失败的记忆。

我甚至还会改变重要的目的。当然，目标依然不变，我也不会毫无底线地变更目的，然而即便如此，这样的举动看起来似乎还是不合规矩。为什么我要在关键节点上毫不犹豫地做出改变呢？因为目的本身也是我自己决定的。公司定下的目的很难随意改变，但自己决定的东西，定义权就掌握在我自己手上，可以自由变更。

这种PDCA的运转方式有别于其他普通方式，我把它叫作“螺旋上升型PDCA”。螺旋上升型的PDCA无须特殊技巧加持，只要不执着于最初订立的计划，把关注点放在如何得出不变的结果上，条件有变则改变解答过程，就可以让PDCA循环呈螺旋式上升趋势。

举例来说，如果到了预先定好的时间节点上，当下的工作进展还没有实现原定的目的，项目组成员一般就会把这种现象定义为“失败”。然而在我看来，只要自己不觉得它是失败，那就不是失败。根据我的理解，项目还在进展过程中，当下只是形势稍稍不利而已。这种时候可以稍微改变计划表。

他人定义的“失败”不足为惧。大家要把工作当成自己的事情，尝试着驱动PDCA呈螺旋上升型运转。

以自己的方式布局“大数”，编织动人心弦的设想

跳槽到寿险公司后，我知道了“大数定律”这个词。

摇一把骰子，会随机摇出1~6中的某个数字。有时点数1会不断出现，有时1与2会交替出现，摇骰子的次数越多，各个点数出现的概率就越接近六分之一，每次随机出现的数字都不会影响长远来看的结果，这就是“大数定律”。

这个定律用到商务场合的实例之一，就是希望消费者购买自家产品的企业，可以通过提供大多数消费者都认可的价值打造热门产品。B to B模式的公司同样如此。根据大数定律，推测社会及多数消费者需要什么样的价值，就能精准把握企业的经营战略与项目的目的所在。

把通过大数定律得出的结论放到目的的位置上，大概就能顺

势达成那个目的。但是这其中有一个重要问题，那就是千篇一律。举例来说，“环保”这个词已得到社会的整体认同，但每家企业都把它当作卖点，就无法给人眼前一亮的感觉。如果要叙述“环保策略”，就要体现出固有的吸引力。

因此，这里就需要加入一些自己认为足够好的想法。如此一来，公司就会有自己独特的价值和色彩，产生吸引力。加入了自身想法的设想，还能让大家自主行动起来，促成目的实现。

带入自己的独有想法，乍看起来似乎偏离了大数定律，或许会令大家心里没底。但要知道，任何想法都在大数的范畴之内。它符合市场上的一部分需求，不该被大脑否定。自己的想法能否被其他人接受，取决于你能让其他人理解到什么程度。因此，清晰讲述自己的设想才是必要手段。

未加入自己独有想法的设想就像是一份说明书，而说明书无法动摇人的心绪。

“大数定律”与“唯我独有”的组合，是产出基于正确想法，同时又有个人态度的设想的秘诀。

工作要打破常规，体现“亮点”

特级篇

长时间从事同样的工作，有时会感到无聊。变的只有业务对象或客户，做的事情却几乎没什么两样。热情渐渐降温，紧张感也消失不见。这种倦怠感是很大的危机，大家要想办法植入亮点，为工作带来变化。

前面提到的运动场馆项目，就是成功植入了亮点的实例。

项目开启阶段，我们最初的计划是打造供顶级运动员使用的训练场所。这与我往常做的事情没什么区别，只不过从办公楼、工厂变成了运动场馆而已。然而其中还包含了任何项目都会有的预算问题，我们还要考虑是不是可以联动其他体育赛事，打造独一无二的魅力场馆，国家支持都市运动场活力发展的政策是什么样的，如何消除地块正中央的大型停车场对其吸引力造成的阻碍等，种种需要解决的问题及可供挖掘的魅力点混杂其中。

在这样错综复杂的情况下，项目涉及的很多人都希望我给出恰当的解决方法。如果项目最终取得成功，很多人都会感到宽慰。于是，我以运动为关键词，召集能够发挥乘法效应的其他商家，旨在与当地政府一起，共同为当地的繁荣发展做出贡献。

在打造特色的同时，把难以解决的问题以及社会性问题囊括到所有人都喜闻乐见的设想里并加以解决，是一项充满挑战的任务，也会成为工作里的亮点。只要想到自己的付出与努力会换回一个受到众人喜爱的有趣场所，我就会感到格外亢奋。

事实上，这些亮点如果落地成形了，也会成为国家推进的“都市运动场缔造繁荣景象”政策的成功实例，给社会带来贡献。它还会打破政府引领政策落地的惯例，成为民间团体发挥领导作用的首次尝试。

当地居民也会对我们的成果表示欢迎，通过各种措施打造人流汇聚地，还能解决预算问题。最重要的是，它符合客户“创造丰富的体育文化，推动民众身心健康及社会发展”的理念。

对我来说，这就是体现亮点的行事方法。不过，这个项目现在还在推进过程中，是否真能实现预期效果尚未可知。目前我面前还横亘着种种难题。但是，保持挑战的心态很重要，正因为亮点难以实现，相关人员才得以热情高涨地投入到工作当中。

这是一个规模庞大的项目，日常工作中，大家可以凸显一些小亮点。每天问自己，今天有没有什么挑战，默默享受自己工作的乐趣。

任何工作做久了都会变得没有波澜，缺乏趣味。我想，拥有改变现状的一颗心也很重要。

善抓情感流向，就能建立良好的PDCA循环

想顺利、高效地开展工作，首先就要明确判断“流向”的优劣。

流向持续走高时，大家也绝不能疏忽大意，放松警惕。因为一个小小的事件就能改变流向。大家应该保持平稳慎重的心态，时刻注意不要让项目进展向坏的方向发展。

即便如此，整体流向还是会逐渐发生变化。工作中大家要接触客户、团队成员等，会与各种各样的人产生交集。在自己力不能及的地方，优化的态势可能转变为恶化的态势。

大家应该从中学到推测最佳行动时机的经验，要有适当的小聪明，懂得在最有效的时机里使用自己的“武器”。

这种思维还可以用在日常的工作上。

举例来说，当客户对你的不满堆积得越来越多之后，一些微不足道的小事就有可能发酵成严重程度出人意料的大事。在工作中，大家不要只盯着客观进展，还要关注对方的情感流向。

35岁之前，仅凭理性作判断或许也不失为一件好事，但如果想获得更大的成长，驱动更大的PDCA循环，就要好好关注情感流向，掌握当下的真实情况。

最后的这章内容或许有点难。但大家都知道，把眼光投向世界，我们会看到人工智能正在迅速进化，很多“正确答案”的引导工作可被人工智能取代的时代已离我们越来越近。

留给我们的，应该就只剩下没有“正确答案”的高难度工作。大家现在无法理解也没有关系。当你需要从事没有“正确答案”的工作时，希望你可以想起本章，回来再看一遍本章内容。

第六章概述

√ 越是不知正确答案的高难度工作，想象力与创造力这两大能力就越能帮你构思出美好的设想。
√ 越是没有正确答案的高难度工作，就越要借助设想动摇对方。
√ 驱动PDCA呈螺旋上升型运转，在不遭遇失败的同时巧妙获取经验值。
√ 组合五个切入点与精髓，再加入自己的想法，打造出自己的设想。
√ 运用“梗概”与“细节”式设想，决定自己的行动。
√ 时常分解自己的经验值，把它活用到没有正确答案的工作设想中去。
√ 把握“准备”“调整”与“流向”，让自己的能力发挥得最具成效。

后记

这本书有没有为大家的成长带来助力呢?

正如RPG里的隐藏线索一样，日常生活与工作中潜藏着许多有助于成长的隐藏线索，然而其中的大多数都需要大家稍微转变思维，思考正确做法之后再加以利用。它们毫不起眼，很多人就在忙碌的日常中忽略了这些线索。只有其中的1%进入了我们的视线，帮助我们一点一点地巧妙提升自己的经验值，然后再花费很长时间，打造出自己独有的优势。当然，这个过程中不存在任何血汗辛劳。然而即便如此，大家还是能达成令周围人刮目相看的飞跃式进步。本书从根据这种方式获取的技能中精选出一些必杀技，整理成简单易懂的内容。所以，我坚信这些内容必定会触动大家的心弦，引导大家成长进步。

我是一个非常普通的人，“害怕麻烦”“过于认真”“爱操心”，身上尽是缺点，而强烈的“好奇心”就是我唯一的救赎。有机会执笔写下这本书，完全是仰赖孩提时代起就一直坚定支持我的亲友，以及在项目中与我并肩作战的各位客户。可以说，我的必杀技就是与大家协同合作，创造成果。因此，通过本书把我的经验回馈给社会，尽量为社会做贡献，是我的职责所在，也是对大家的回报。借此机会向各位表示诚挚的谢意。

接受我采访的前上司清水，以及对我给出恰当评价的木下，让我有机会自省自己是一个什么样的人。另外，给我写作机会，还强有力地支持着我的山下PMC社长川原，以及与我一道作为项目的

“建筑顾问”，为了项目更大的成功不懈努力的PMC同僚们，谢谢你们。

还有为我的商业书籍创作整理自己的意见，为我出谋划策的纳见、挂本，把文章编辑得清晰易懂的增泽、阵内，钻石社的花冈，还有我的妻子与两个孩子，没有各位的帮助就没有这本书，衷心感谢大家。

最后，希望本书能成为各位读者的优良“经验值”，至此搁笔。真心感谢各位！

2018年10月吉日